国家出版基金项目
NATIONAL PUBLICATION FOUNDATION

"船舶智能制造关键共性技术"丛书

船舶智能制造模式

郄金波　谢子明　黄敏健　赵尔菁　主　编

哈尔滨工程大学出版社
Harbin Engineering University Press

内 容 简 介

本书通过对国内外骨干造船企业船舶智能制造技术总体水平进行分析,提出船舶智能制造模式体系架构,并分别从设计、生产、管控三个方面着手,针对船舶智能制造模式的定义及内涵进行详细介绍。同时,本书以船舶智能制造模式的定义和内涵为基础,分析船舶智能制造发展需求和发展方向,明确船舶智能制造的发展目标,形成船舶智能制造实施的总体方案及实施路径,为我国造船企业开展船舶智能制造提供参考。

本书可为造船企业从事设计、生产、管理方面智能制造的相关人员提供参考与借鉴。

图书在版编目(CIP)数据

船舶智能制造模式 / 郄金波等主编. — 哈尔滨：
哈尔滨工程大学出版社,2023.11
ISBN 978-7-5661-4026-5

Ⅰ. ①船… Ⅱ. ①郄… Ⅲ. ①造船–智能制造系统
Ⅳ. ①U671-39

中国国家版本馆 CIP 数据核字(2023)第 129224 号

船舶智能制造模式
CHUANBO ZHINENG ZHIZAO MOSHI

选题策划　史大伟　雷　霞　汪　璇　周长江
责任编辑　张志雯　苏　莉
封面设计　李海波

出版发行	哈尔滨工程大学出版社
社　　址	哈尔滨市南岗区南通大街 145 号
邮政编码	150001
发行电话	0451-82519328
传　　真	0451-82519699
经　　销	新华书店
印　　刷	哈尔滨午阳印刷有限公司
开　　本	787 mm×1 092 mm　1/16
印　　张	10.75
字　　数	246 千字
版　　次	2023 年 11 月第 1 版
印　　次	2023 年 11 月第 1 次印刷
书　　号	ISBN 978-7-5661-4026-5
定　　价	60.00 元

http://www.hrbeupress.com
E-mail:heupress@ hrbeu.edu.cn

《船舶智能制造模式》
编 委 会

主 编

郄金波　　谢子明　　黄敏健　　赵尔菁

副主编

储云泽　　于　航　　姜　军　　王　旭　　周荣富　　饶　靖

编写人员

周文鑫	汪　璇	赵　晶	朱若凡	牛延丹	陈好楠
张　然	马秋杰	沈文轩	周同明	邵明智	杨　虎
李　波	吴　韩	陈卫彬	封雨生	徐　鹏	张　宇
胡小锋	张亚辉	陆燕辉	马誉贤	刘建峰	胡小才
倪　健	张宝民	苏华德	邵志杰	吴　佩	马景辉
范玉顺	田　凌	刘连臣	李敬花	杨博歆	周青骅
习　猛	瞿雪刚	罗　金	万　莉	钱振华	周　瑜
戴　伟	马彦军	伍英杰	宋建伟	张亚运	王素清
沈　伟	刘玉峰	唐诗渊	唐永生	李　迎	张　俭
陆　豆	张致宁	李　季			

前　言

随着全球新一轮科技革命和产业变革深入发展，新一代信息技术与先进制造技术加速融合，为制造业高端化、智能化、绿色化发展提供了历史机遇，世界造船强国纷纷规划建设智能船厂，以智能制造为抓手，力图抢占全球制造业新一轮竞争制高点。船舶制造是典型的离散型生产，具有船厂空间尺度大、船舶建造周期相对较长、工艺流程复杂、单件小批量生产、中间产品种类繁多、物理尺寸差异大、作业环境相对恶劣等行业特点，对智能制造技术提出了特殊要求。

近年来，在国家的关心指导、行业的不断努力下，我国船舶工业实现了跨越式发展，产业规模迅速扩大，国际市场份额大幅跃升，造船三大指标位居世界前列，船舶工业核心设施和技术能力大幅提升，形成了长三角、珠三角和环渤海湾三大造船基地；造船核心设施能力达到国际领先水平，骨干船厂建立起以中间产品组织生产为特征的现代总装造船模式，并不同程度地开展了智能化转型探索工作，取得了一定成效。但是我国船舶工业大而不强的问题依然存在，造船质量、效率与世界先进造船国家相比还存在一定差距，我国船舶制造业处于数字化制造起步阶段，各造船企业发展水平参差不齐，三维数字化工艺设计能力不足，关键工艺环节装备自动化水平不高，基础数据缺乏积累，互联互通能力薄弱，集成化水平低等问题亟待解决。未来的 10~20 年是我国由造船大国向造船强国迈进的关键时期，也是我国造船企业通过技术创新实现转型升级、由大到强的重要发展机遇期，风险更大，挑战更为激烈。

为贯彻落实海洋强国、造船强国国家战略，国家相关部委先后发布了《推进船舶总装建造智能化转型行动计划（2019—2021 年）》（工信部联装〔2018〕287 号）、《船舶总装建造智能化标准体系建设指南（2020 版）》（工信厅科〔2020〕36 号）等规划文件，旨在加快新一代信息通信技术与先进造船技术的深度融合，提高我国造船效率和质量，推进船舶总装建造数字化、智能化转型。2016 年 12 月 20 日，工业和信息化部、财政部批复"船舶智能制造关键共性技术专项"项目立项，专项以船舶智能车间为对象，研究突破船舶智能制造关键共性技术，形成船舶智能制造核心技术和系统集成能力，使我国船舶企业建造技术水平跃上一个新台阶，缩短与国际先进造船国家的差距。通过"船舶智能制造关键共性技术专项"四年的研究，形成了一批船舶智能制造关键技术研究成果。为更好地推广科研成果，实现行业共享,项目组将专项的主要研究成果编辑成一套"船舶智能制造关键共性技术"丛书,该丛书以船舶智能车间为对象,通过对面向智能制造的船舶设计技术、船舶智能制造集成技术应用以及互联互通的船舶智能制造车间基础平台开发的相关研究总结,形成船舶智能制造关键共性技术的知识文库,为我国造船企业推进智能制造提供方向指引和知识支撑,助推提升企业造船效率和质量水平,为进一步构建智能船厂,实现我国由造船大国向造船强国的转变打下坚实基础。

本丛书共十一分册,各分册主要内容如下:

第一分册《船舶智能制造数字化设计技术》主要介绍船舶智能制造的数据源头数字化设计技术,包括基于统一三维模型的详细设计及审图、设计与生产集成、三维工艺可视化作业指导以及面向智能制造的产品数据管理系统开发与应用等内容。

第二分册《船舶智能制造工艺设计》主要介绍船体构件加工成形、船体焊接、管子加工、船体结构件装配、分段舾装、涂装等关键工艺环节的工艺模型设计、工艺特征描述、工艺路线设计、工艺知识库构建。

第三分册《船舶智能制造模式》主要介绍造船企业智能化转型的目标图像,分析国内骨干造船企业智能制造技术总体水平与差异,构建以信息物理系统为核心的船舶智能制造系统架构,研究船舶智能制造的设计、管控生产模式,并给出实施路径与评估评价方法。

第四分册《船舶智能制造车间解决方案》主要介绍船舶智能车间通用模型、面向智能制造的船舶中间产品工艺路线制定,提出船体分段、管子加工与分段涂装智能车间解决方案。

第五分册《船舶中间产品智能生产线设计技术》主要介绍国内骨干船厂中间产品生产线的发展现状以及对自动化、智能化程度的需求,研究型材切割、条材切割、船体小组立、平面分段、管子加工等典型中间产品生产线的设计方案,设计开发智能控制系统并验证,支持各类中间产品智能生产线的应用。

第六分册《船舶智能制造的统一数据库集成平台》主要介绍数据库顶层设计、数据库设计规范、数据库标准接口和数据库集成开发技术。

第七分册《船厂大数据技术应用》主要介绍船厂大数据应用的顶层设计、大数据质量保证、大数据分析和应用使能工具等技术,并对基于大数据的派工管控协同优化、分段物流分析与智能优化、船厂能源管控优化进行应用研究。

第八分册《船舶车间智能制造感知技术》主要介绍船舶分段制造车间定位技术、船舶制造中间产品几何信息感知技术、车间资源状态信息采集技术、船舶焊接与涂装车间环境感知应用技术。

第九分册《船舶制造车间组网技术》主要介绍船舶制造车间复杂作业环境下的网络构建和覆盖、制造过程物联,构建基于物联网的可控、可管、可扩展和可信的船舶分段制造车间网络空间架构。

第十分册《船舶智能制造海量数据传输与融合技术》主要介绍基于三维模型的海量数据传输技术及海量异构数据融合、管理技术。

第十一分册《船舶分段车间数字化多工位协同制造技术》主要介绍船舶分段制造车间切割、焊接等多工位协同作业、协同机制分析技术与船舶制造现场多数据源协同集成技术。

本丛书是项目团队花费大量时间和精力研究、编写的成果,希望能够得到广大读者的认可和支持。同时,我们也期待着读者的宝贵意见和建议,以便我们不断改进和完善本丛书的内容,为读者提供更加优质的服务和产品。

最后,我们要感谢所有参与本丛书编写和出版的人员及单位,他们的付出和支持是本丛书能够顺利出版的重要保障;还要感谢所有关注和支持智能制造技术发展的人,让我们共同推动智能制造技术在船舶行业的广泛应用和发展,为实现船舶工业数字化、智能化转型而不懈努力!

编　者

2023 年 5 月

目　　录

第1章　国内外骨干造船企业船舶智能制造技术总体水平分析 ……………… 1

1.1　概述 …………………………………………………………………… 1

1.2　智能制造技术 ………………………………………………………… 3

1.3　船舶智能制造技术发展现状 ………………………………………… 10

1.4　国内外先进造船企业船舶智能制造能力分级状况 ………………… 22

1.5　本章小结 ……………………………………………………………… 22

第2章　船舶智能制造系统结构 ……………………………………………… 23

2.1　概述 …………………………………………………………………… 23

2.2　智能工厂概念及内涵 ………………………………………………… 23

2.3　智能船厂的基本框架体系 …………………………………………… 24

2.4　船舶智能制造系统功能及特点 ……………………………………… 34

2.5　船舶智能制造标准 …………………………………………………… 37

2.6　本章小结 ……………………………………………………………… 45

第3章　船舶智能制造模式体系架构 ………………………………………… 46

3.1　概述 …………………………………………………………………… 46

3.2　船舶智能制造模式定义及内涵 ……………………………………… 46

3.3　船舶智能制造模式核心要素 ………………………………………… 47

3.4　船舶智能制造模式体系架构 ………………………………………… 51

3.5　本章小结 ……………………………………………………………… 52

第4章　船舶智能制造设计模式 ……………………………………………… 53

4.1　概述 …………………………………………………………………… 53

4.2　国内外船舶设计模式现状 …………………………………………… 53

4.3　基于统一三维模型的详细设计与审图 ……………………………… 54

4.4　基于模型定义的生产设计方式 ……………………………………… 56

4.5　面向智能制造的生产设计 …………………………………………… 61

4.6　基于三维模型的设计制造一体化模式 ……………………………… 68

4.7　基于三维模型的详细设计与生产设计集成 ………………………… 76

4.8　面向智能制造的产品数据管理 ……………………………………… 77

4.9　本章小结 ……………………………………………………………… 79

第5章　船舶智能制造生产模式 ……………………………………………… 80

5.1　概述 …………………………………………………………………… 80

5.2 基于智能生产单元和生产线的工艺流程优化与改进技术 ……………… 80

5.3 船舶智能制造工艺与装备体系以及关键技术 ………………………… 88

5.4 工业机器人和智能化生产线的应用 ………………………………… 95

5.5 本章小结 ……………………………………………………………… 98

第6章 船舶智能制造管控模式 …………………………………………… 99

6.1 概述 …………………………………………………………………… 99

6.2 智能船厂生产管控机制与系统需求 ………………………………… 99

6.3 面向智能制造的造船工程计划管理体系与方法 ………………… 103

6.4 基于物联网技术的全要素实时管控机制 …………………………… 109

6.5 基于智能制造的供应链管理 ………………………………………… 111

6.6 基于智能制造的车间生产管控 ……………………………………… 116

6.7 基于智能制造的能源管理 …………………………………………… 119

6.8 基于物联网技术的环境安全监测 …………………………………… 121

6.9 基于云计算和大数据的云制造平台 ………………………………… 121

6.10 本章小结 …………………………………………………………… 128

第7章 船舶智能制造实施方案 …………………………………………… 129

7.1 概述 …………………………………………………………………… 129

7.2 船舶智能制造实施目标 ……………………………………………… 129

7.3 船舶智能制造实施路径 ……………………………………………… 129

7.4 船舶智能制造模式实施保障措施 …………………………………… 138

7.5 本章小结 ……………………………………………………………… 139

第8章 船舶智能制造技术水平评价指标体系和方法 ………………… 140

8.1 概述 …………………………………………………………………… 140

8.2 船舶智能制造技术水平评价指标体系 ……………………………… 140

8.3 船舶智能制造技术水平评价方法 …………………………………… 153

8.4 本章小结 ……………………………………………………………… 156

参考文献 ……………………………………………………………………… 157

第1章 国内外骨干造船企业船舶智能制造技术总体水平分析

1.1 概 述

随着物联网、云计算、大数据等新一代信息技术和网络技术的飞速发展,欧美发达国家纷纷提出了振兴制造业的战略,掀起了新一轮先进制造业竞争,如美国的"再工业化"战略和《先进制造业国家战略计划》,德国的"工业4.0"战略,我国也提出了"两化融合""互联网+"等振兴制造业的相关战略。尽管各国对新一轮工业革命的定义不同,但是制造业数字化、网络化、智能化的趋势是得到各国普遍认可的。将信息技术、网络技术等先进的技术应用于制造业,形成更加智能的制造模式,是未来制造业发展的关键与核心。智能制造作为我国推进两化深度融合的主攻方向,是制造业发展的重大趋势,是促进我国工业向中高端迈进、建设制造强国的重要举措,也是在新形势下打造国际竞争优势的必然选择。

船舶工业是为水上交通、海洋资源开发及国防建设提供技术装备的现代综合性和战略性产业,是国家发展高端装备制造业的重要组成部分,是国家实施海洋强国战略的基础和重要支撑。近年来,随着国内造船技术的快速发展,我国造船业占国际造船市场的份额逐渐增加,自2010年起,我国造船完工量、新接订单量和手持订单量造船三大指标连续十年稳居世界前列,成为超越韩国、日本的第一造船大国。根据工业和信息化部发布的数据,2021年,中国造船完工量达3 970.3万载重吨,同比增长3.0%,其中海船为1 204.4万修正总吨;新接订单量6 706.8万载重吨,同比增长131.8%,其中海船为2 401.5万修正总吨。截至2021年12月底,手持订单量9 583.9万载重吨,比2020年底手持订单量增长34.8%,其中海船为3 609.9万修正总吨,出口船舶占总量的88.2%。2021年,中国造船完工量、新接订单量、手持订单量以载重吨计分别占世界总量的47.2%、53.8%和47.6%,与2020年相比分别增长4.1个、5.0个和2.9个百分点,造船三大指标、国际市场份额继续保持世界领先地位,详见图1-1、表1-1。

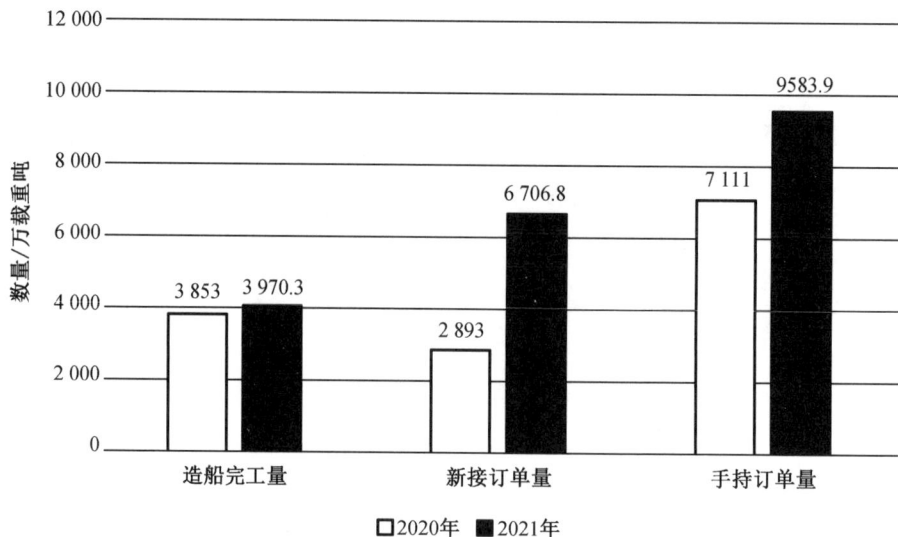

图 1-1　2021 年我国造船三大指标情况

表 1-1　2021 年我国船舶工业国际市场份额表

指标	世界范围	韩国	日本	中国
造船完工量/万载重吨（占比）	8 409（100%）	2 466（29.3%）	1 690（20.1%）	3 970（47.2%）
造船完工量/万修正总吨（占比）	3 183（100%）	1 053（33.1%）	530（16.6%）	1 204（37.8%）
新接订单量/万载重吨（占比）	12 461（100%）	4 061（32.6%）	1 283（10.3%）	6 707（53.8%）
新接订单量/万修正总吨（占比）	4 804（100%）	1 744（36.3%）	416（8.7%）	2 402（50%）
手持订单量/万载重吨（占比）	20 146（100%）	6 706（33.3%）	3 086（15.3%）	9 584（47.6%）
手持订单量/万修正总吨（占比）	7 650（100%）	2 940（38.4%）	932（12.2%）	3 610（47.2%）

　　但是，我国船舶工业大而不强，与先进国家相比较依然有不小的差距。在生产效率和管理水平方面，我国造船企业仍有较大提升空间，中高端船型占比、船舶建造周期、关键工序自动化率、造船每修正总吨工时消耗等指标与造船强国的差距仍然较大。

　　我国要着力改变造船业"大而不强"的局面，就要依靠创新驱动发展，推动中国造船业尽快实现智能化。《中华人民共和国国民经济和社会发展第十四个五年规划和 2035 年远景目标纲要》中多处提及船海产业发展，同时将创新摆在我国现代化建设全局的核心地位，把科技自立自强作为国家发展的战略支撑，这为我国船舶企业科技创新发展带来重大机遇。

在造船企业研究和应用智能制造技术,对于造船企业推进数字化、网络化、智能化,缩短建造周期,提高建造质量,实现绿色制造,提高企业竞争力具有十分重大的意义,有利于加快我国船舶工业升级转型,最终实现建设造船强国的目标。

1.2　智能制造技术

1.2.1　智能制造技术分析

智能制造技术是在现代传感技术、网络技术、自动化技术以及人工智能的基础上,通过感知、人机交互、决策、执行和反馈,实现产品设计过程、制造过程和企业管理及服务的智能化,是信息技术与制造技术的深度融合与集成。

智能化和自动化的最大区别在于知识的含量。智能制造是基于科学而非仅凭经验的制造,科学知识是智能化的基础。因此,智能制造包含物质的和非物质的处理过程,不仅具有完善和快捷响应的物料供应链,还需要有稳定且强有力的知识供应链和产学研联盟,源源不断地提供高素质人才和工业需要的创新成果,发展高附加值的新产品,促进产业不断转型升级。

智能制造是可持续发展的制造模式,它借助计算机建模仿真和信息通信技术的巨大潜力,优化产品的设计和制造过程,大幅度减少物质资源和能源的消耗以及各种废弃物的产生,同时实现循环再用,减少排放,保护环境。

1.2.1.1　智能制造的内涵

随着相关技术的发展以及相关标准的制定,智能制造的内涵正处于不断的发展之中。智能制造可定义如下:"智能制造是融合了制造技术、自动化技术、系统工程与人工智能(Artificial Intelligence,AI)等学科,在制造工业的各个环节以一种高度柔性与高度集成的方式,通过计算机模拟人类专家的智能活动,进行分析、判断、推理、构思和决策,旨在取代或延伸制造环境中人的部分脑力劳动,并对人类专家的制造智能进行收集、存贮、完善、共享、继承与发展。"

我国工业和信息化部对智能制造的定义是:"智能制造是基于新一代信息技术,贯穿设计、生产、管理、服务等制造活动各个环节,具有信息深度自感知、智慧优化自决策、精准控制自执行等功能的先进制造过程、系统与模式的总称。智能制造具有以智能工厂为载体、以关键制造环节智能化为核心、以端到端数据流为基础、以网络互联为支撑等特征,可有效缩短产品研制周期、降低运营成本、提高生产效率、提升产品质量、降低能源消耗。"

可以从技术、构成、目标三个角度具体剖析智能制造的内涵。

从技术角度来说,智能制造技术是融合了 AI 技术、无线传感技术、新一代网络技术、先进制造技术以及现代管理技术等,研究制造活动中的信息采集与分析、知识表达与传递、智能决策与执行的综合技术。

从智能制造的构成来说,智能制造由智能制造技术和智能制造系统两部分组成。智能制造系统是基于智能制造技术构建的,一种由人类专家和智能机器共同组成的人机一体化的系统。并且,智能制造包含了设计、生产、物流、服务等全生命周期,设备层到企业层各层级,以及智能设备、智能产品、智能工厂、智能软件系统等不同维度的内容。

从智能制造的目标来说,智能制造可以实现机器与机器、机器与系统、各企业的相互联通,实现信息的集成、共享和融合,达到实时监控、自适应、自优化的目的;通过人与智能设备的合作共事,去扩大、延伸和部分地取代人类专家在制造过程中的脑力劳动;并能对企业内、整个供应链、全国乃至全球的资源进行整合和合理配置,以最快的速度响应客户的需求,以达到用最低的成本最高效地生产出令客户满意的高品质产品的目的。

1.2.1.2　智能制造的特征

智能制造具有以下几个特征:

(1)以数字化为基础

涉及产品设计、制造、管理的各类数据、图形、知识、标准等都实现了数字化,实现了面向产品设计、制造、管理的一体化数据库的建立,并运用管理系统实现信息化管理和控制,数字化和信息化是智能制造的基础特征。

(2)全面感知

对生产过程中的设备、人员、车辆、中间产品、外部环境变化等,利用感知技术实现全面的感知并产生对应的数据。

(3)人机协同

人与各类系统形成相互"理解"的协作方式,系统辅助人类进行分析和决策,人类不断提高系统的"智慧"。

(4)自组织

根据获取的市场、设计和过程信息,制造单元和系统自行组成一种最佳结构的智能制造系统,以高效可靠的方式运行,完成给定的制造任务。

(5)自学习

机器和系统具有环境自适应和在线学习的能力,以专家知识为基础,通过感知环境状态来选择动态系统的最优行为策略,并不断完善、优化、更新系统的知识库。

(6)自维护

对系统的故障进行诊断、预测和自修复,自动更新系统知识库、维护单元设备,对系统的整体运行状态进行评估,及时发现并解决问题。

(7)高柔性

可以满足小批量多品种的生产需求,满足不同客户的定制要求。

(8)网络化制造

实现对企业内部网络以及外部网络的建设,充分利用各种资源,形成全国乃至全球化的网络化协同制造模式。

1.2.2　智能制造技术类型

智能制造技术是 AI 技术与制造技术的有机结合,是实现智能制造的支撑技术和关键技术,是新一代网络技术、信息技术、制造技术、自动化技术、系统工程与 AI 等学科相互渗透、相互交织而形成的一门综合技术。而造船企业的智能制造技术,将范围限定在当前热门的物联网技术、工业机器人技术、大数据技术和云计算技术范围内。以下针对这几种技术的发展概况和应用现状进行阐述。

1.2.2.1　物联网技术

物联网技术的提出,对于人类社会的进步的巨大意义是毋庸置疑的,它首先突破了物与人的界限,将物纳入了全球网络之中。物联网的概念最早是由美国麻省理工学院 Ashton 教授在 1999 年提出的,随着 2005 年国际电信联盟(International Telecommunication Union,ITU)在突尼斯举行的信息社会世界峰会(World Summit on Information Society,WSIS)上首次使用"Internet of Things"这个词组,并发布了《ITU 互联网报告 2005:物联网》,"物联网"的概念正式确定。

对于物联网,国内外专家学者都从不同的角度给出了各种各样的定义。欧盟委员会信息和社会媒体射频识别(Radio Frequency Identification,RFID)部门负责人 Lorent Ferderix 博士认为,物联网是一个将虚拟和实体"物"赋予身份标识、物理属性和虚拟特征的,与信息网络无缝整合的,基于标准通信协议的,自组织动态的全球网络基础设施。我国的政府工作报告中对物联网做了如下说明:"物联网是按照约定的协议,把任何物品与互联网连接起来,进行信息交换和通讯,以实现智能化识别、定位、跟踪、监控和管理的一种网络。"北京邮电大学副教授孙其博给出了物联网狭义和广义上的定义,即狭义的物联网指连接物品到物品的网络,实现物品的智能化识别和管理;广义的物联网则可以看作信息空间与物理空间的融合,是在一切事物数字化、网络化的基础上,实现物品、人和环境之间高效的信息交互,是信息化在人类社会综合应用的更高境界。

简单来说,物联网就是利用传感技术对具有唯一身份标识的物品和物理世界进行全面感知,基于互联网与通信网进行传递,最后利用智能管理和控制系统进行信息处理与应用,实现物与人、物与物的双向信息传递和控制的新型网络系统。

物联网在应用过程中主要采用的架构体系分为感知层、网络层和应用层三个层次,如图 1-2 所示。

感知层主要负责信息收集,是物联网的底层,也是最关键的技术层。感知层用各种传感设备和读写器,对贴有二维码、条形码、RFID 标签等识别标签的物理实体或环境、人、物等进行感知和扫描,将物理实体的属性信息转换为可以在网络层传输介质中传输的数据。

网络层将来自感知层的各类信息进行汇集、处理、存储、调用、传输。网络层主要是基于下一代通信网和互联网建立的。感知层的信息可以通过各种接入设备与通信网和互联网相连,也涉及各类异构网络的融合技术。传输方式包括无线和有线两种,如 ZigBee、蓝牙、Wi-Fi、无线局域网(Wireless Local Area Network,WLAN)、通用分组无线业务(General

Packet Radio Service,GPRS)等无线网络;光纤宽带网、工业以太网等有线网络。

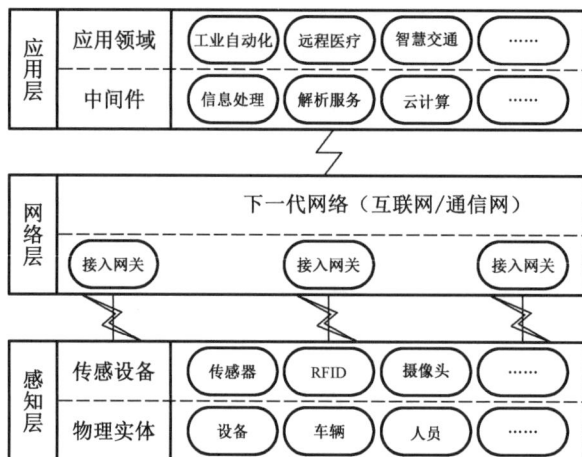

图 1-2　物联网三层架构体系结构图

应用层将物联网所提供的物理信息引入相关领域,与其现有技术相结合,形成广泛智能化应用的解决方案。首先,应用层通过中间件将网络层传递的信息进行转换、筛选、分析、处理,再将其通过应用服务器、手机、平板电脑、手持终端(Personal Digital Assistant, PDA)等终端实现智能化、便捷化的人机互动,最终应用到工业自动化、远程医疗、智能交通、智慧城市、智慧地球等领域。

物联网技术为智能工厂的实现提供了具体的应用模式,是实现物理世界全面感知和互联的基础技术,其在制造业中主要可以应用在以下几个方面:

(1)供应链和物流管理

物联网应用于企业原材料采购、仓储、物流、销售等领域,通过监控和整合供应链各个环节的资源、优化各个环节的流程、创建企业与各供应商的合作伙伴关系,可以显著提高供应链整体效率。对于已交付的产品,在产品投入运行的时期,应用物联网技术可以实现对产品运行状态的跟踪监测,实现对产品实时的跟踪维护和维修处理,也可以实现产品自己提醒客户对自己进行保养和维修,提高产品的智能化,为客户提供更加完美的体验。丰田汽车在整车物流环节建立了物联网实时定位系统,监控车辆位置,防止汽车遗失。戴尔厦门组装厂将物联网技术应用于零件的自动集配中,将网上订单自动写入贴在零件上的 RFID 标签,自动集配装置就会自动选取顾客定制的零部件进行装配。

(2)生产管控

物联网技术满足了对现场各类数据实时采集、传输、查询、管理的需求,结合各类信息化管理系统,可以显著提高管理的透明度和精益度,也可以帮助生产过程实现更具柔性的自动化,在汽车制造业已经有不少成熟的应用。例如,宝马公司在汽车装配环节应用 RFID 技术实现汽车装配的自动化匹配和定位。通用汽车公司已经将其应用于汽车生产的焊接、喷漆和装配等过程,并且针对不同生产过程的不同工作环境选择合适的标签。

（3）环境监测及能源管理

物联网技术应用在环保监测和能源管理中，不但可以实现能耗和污染信息的实时采集，对能耗和污染状况进行在线管控，还可以分析历史数据，为节能减排、降低污染提供决策依据。目前，浙江嘉善县利用物联网技术建立了覆盖全县的环境自动监控网"环保天地图"，这套系统能直观、动态地显示嘉善县103个污染源在线监控企业、9个地表水站、2个大气站、3种噪声的情况，一旦企业排放超过限值，系统就会发出预警提示企业负责人和环保部门，并自动关闭阀门，实现了环保在线监控。

（4）工业安全生产管理

物联网所具有的全面感知、可靠传输和智能处理功能，正符合企业对于生产环境监测、事故发生预警和迅速处理的需求。把传感器嵌入设备或安置在可能发生危险的环境中，可以将现有的人工的、分散的网络监管平台提升为智能、系统的综合网络监管平台，以实现对环境和人身安全的实时感知、准确辨识、快捷响应和有效控制。例如，基于物联网技术的神东煤炭集团公司智能化管理系统和宁夏的矿产信息化系统，可以实现对井下环境的实时监测，以及对矿工的定位跟踪和生命体征监控，可以有效预防矿山事故的发生，提高对事故的处理效率。瑞丰控股集团有限公司应用的化工生产安全监控系统是一种基于物联网的智能综合监控系统，管理者可以通过手机、平板电脑等移动终端登录系统管理界面进行实时监控，当出现问题时，分析系统还可以根据问题的级别自动报警。

1.2.2.2 工业机器人技术

工业机器人是一种用于工业生产的机器人，它是计算机、AI、机械设计等众多学科发展融合的高科技产物，是一种拟人的、自动控制的、可重复编程的机电一体化生产设备，已成为柔性加工制造系统、自动化的生产工厂以及计算机/现代集成制造系统（Computer/Contemporary Integrated Manufacturing Systems，CIMS）中不可或缺的一部分。机器人的广泛应用，是提高企业生产效率和生产质量，提高企业生产自动化、智能化水平，改善工厂环境，降低工人作业危险的重要手段。

到目前为止，工业机器人的发展可划分为三代：第一代为示教再现机器人。这种机器人的路径规划和作业方式是通过用户示教来完成的，可按预先引导动作记录下信息，重复再现执行。第二代为离线编程机器人。这类机器人通过传感器获得视觉、触觉等，可以针对某些外界信息进行反馈和调整，智能化程度更高。第三代为智能型机器人。它具有感知和理解外部环境的能力，具有更高的自适应能力，智能化程度较之前两代机器人有了显著提高。目前在工业领域应用较多的是示教再现机器人和离线编程机器人，并且随着制造业小批量定制生产的发展，柔性较高的离线编程机器人和智能型机器人越来越受到青睐。

工业机器人能在恶劣的环境下代替人生产，能完成人类不可能完成的任务，能节约人力，保证生产的高质量和高效率。因此，自1961年第一台工业机器人Unimate诞生以来，随着科技的进步以及企业对于自动化、智能化需求的提升，工业机器人已经被广泛应用于焊接、喷漆、装配、搬运、检验等生产的各个环节，涉及汽车、机械、核电、石油、电子、食品加工等各个领域。

汽车制造业是工业机器人应用较早也是最广泛的行业，几乎占到整个工业机器人的一半以上，汽车制造业目前也是高度自动化、智能化的领头行业，值得学习和借鉴。在汽车生产中，工业机器人在整车及零部件生产的弧焊、点焊、喷涂、搬运、涂胶、冲压等工艺中被大量使用。例如，一辆汽车车身有 3 000~4 000 个焊点，其中约有 60%由点焊机器人负责，如果是在大批量汽车生产线上，所用点焊机器人数量能达到 150 多台。装配机器人在汽车生产中也起到重要的作用，小到车灯、仪表盘等配件，大到发动机的装配都可以由机器人完成，大大提高了装配效率。据统计，在汽车生产中装配机器人的应用比例是最高的，达到 22%。

目前，日本和欧洲是工业机器人的主要产地。其中瑞典的 ABB、日本的发那科和安川电机、德国的库卡最具代表性，占据着全球 50%的工业机器人市场份额。国内机器人制造发展相对落后，大多是国外机器人厂商与我国合资的企业，如安川首钢机器人有限公司、上海发那科机器人有限公司等。但近年来我国也有了自主的品牌，如沈阳新松机器人自动化股份有限公司、鲁能集团有限公司等，他们提供各类工业机器人和自动化解决方案，并逐渐走向国际市场。

1.2.2.3 大数据技术

随着信息技术和网络技术的发展，在生活中、网络中、生产中无时无刻不在产生巨量的数据，人类已经进入了"大数据时代"。如今，数据为科技创新提供了新的途径，即从假设驱动变为数据驱动，更多的潜在价值将逐渐被人们挖掘。在大数据时代，数据作为一种新的重要资源，如同石油资源、人才资源一样，数据规模和对数据的分析应用能力是各个企业、行业乃至国家竞争力的体现，挖掘数据的价值将成为创造新价值和促进新一轮经济增长的强大推力。

目前，人们对于"大数据"还没有统一的定义，从特征上来说，所谓的"大数据"不仅指数据本身规模的庞大和类型的繁杂，也指其具有产生和增长速度快、可挖掘价值大但价值密度低、可整合和反复利用的特征。这些特征使其在可容忍时间内超过了现有信息技术和软硬件工具对其进行处理的能力。因此，大数据技术就研究了对这些海量数据的采集、传输、存储、计算、分析和应用。大数据技术在应用过程中包含了数据采集工具、平台和数据分析系统等，其根本目标在于从各种类型的数据中快速获得有价值的信息，通过解决巨量数据处理问题促进其应用领域的突破性发展。

欧美国家较早展开了对大数据技术的研究，并取得了一些成果。2006 年，Apache 公司设计了 Hadoop，Hadoop 是一种分布式系统基础架构，作为目前大数据处理的领先技术被很多互联网公司应用，例如雅虎、百度和 Facebook 等。IBM 公司也推出了大数据解决方案 Biglnsights、DB2 和 WebSphere，可以支持结构化或非结构化的数据分析。除了信息产业，金融、医疗、电力、交通等行业也纷纷开始引入大数据技术。例如，使用大数据技术分析疾病症状，并利用实时数据监控医疗体制的运行状况和民众健康的变化趋势，不断提高医疗服务水平；在电力行业中，通过大数据分析得到合理分配电力能源和节能减排的方案等。在制造业中，大数据技术主要可以在产品研发、市场预测、生产管理上发挥重要作用，为企业的各种决策提供依赖数据而不是依赖经验的智能支持。美国通用电气致力于打造基于大数据技术的"工业互联网",并于 2013 年联手亚马逊等科技公司打造"工业云"产品。虽然大数据技术在制造业中的应用还处于起步阶段,但可以肯定的是,工业大数据带来的智能生产和大规模定制,是未来制造业发展的必然趋势。

1.2.2.4　云计算技术

云计算是在数据爆炸的物联网时代,对于海量数据存储和计算以及社会资源合理化利用的需求扩大,网格计算、分布式计算、并行计算的进一步发展,是"计算能力"的商业化实现。云计算的主要目的是提供高可靠性的、可拓展的分布式按需计算。对于用户来说,只需要一个连接云数据中心的网络和终端浏览器,就可以像使用水电一样使用云端提供的计算服务。生活中常见的云计算服务有搜索引擎、云网盘、网络邮箱等。

对于云计算较为权威的定义来自美国国家标准与技术研究院(National Institute of Standards and Technology,NIST),其对云计算的定义是:"云计算是一种按使用量付费的模式,这种模式提供可用的、便捷的、按需的网络访问,进入可配置的计算资源共享池(资源包括网络、服务器、存储空间、应用软件、服务),用户在投入很少的管理,与服务供应商进行很少的交互的情况下,就可以快速获得这些资源。"

一般而言,云计算服务包含了三个层次,这三种服务层次既相互独立又相互依赖。

(1)软件即服务(Software as a Service,SaaS),这是目前最为常见的形式,用户只需要通过 Web 浏览器就可以享受;

(2)平台即服务(Platform as a Service,PaaS),用户可以得到云计算平台的开发环境、服务器等;

(3)基础设施即服务(Infrastructure as a Service,IaaS),用户得到的是底层的计算和存储资源,如虚拟机。

将云计算的技术优势运用到制造业企业中,可为其带来新的发展空间。这种将云计算技术优势与制造业自身特点相结合的新模式有一个形象化的名称——云制造。云制造实际是云计算概念在制造业中的应用和延伸,是一种面向服务的网络化制造模式。云制造将云计算的计算能力延伸为各种制造资源,如图 1-3 所示,云制造中的用户向云制造服务系统发出自己的需求,云制造服务系统将各种人力资源、设备资源、技术资源、软件资源经过整合和调度合理地提供给用户,帮助用户利用各种资源完成产品的研发、生产、检验等,实现制造资源的利用最大化。其中,云制造服务系统主要负责各种制造资源的虚拟化、服务化封装与整合,资源的调度组合与管理,云服务的运行监控与安全管理,以及对资源提供者和服务使用者的管理。

云计算技术为实现智能工厂提供了数据处理能力和制造资源整合的支持,让工厂在有限的资源条件下实现利用的最大化。云计算与制造业的融合还处于起步阶段,国外一些公司已经有所应用,并取得了显著成效。IBM 公司为其全球研究机构设计和建设了云计算平台 RC2,RC2 能为其全球 3 000 多名研发人员以服务的方式提供随需应变、自助获取的计算资源,能把全球 9 个研究中心的信息资源很好地整合。波音公司通过网络协同平台开展制造服务外包,其中波音 787 机型就集成了 40 多个国家和地区的研发能力,从而使研发周期大大缩短,减少了一半的成本。

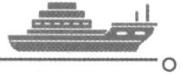

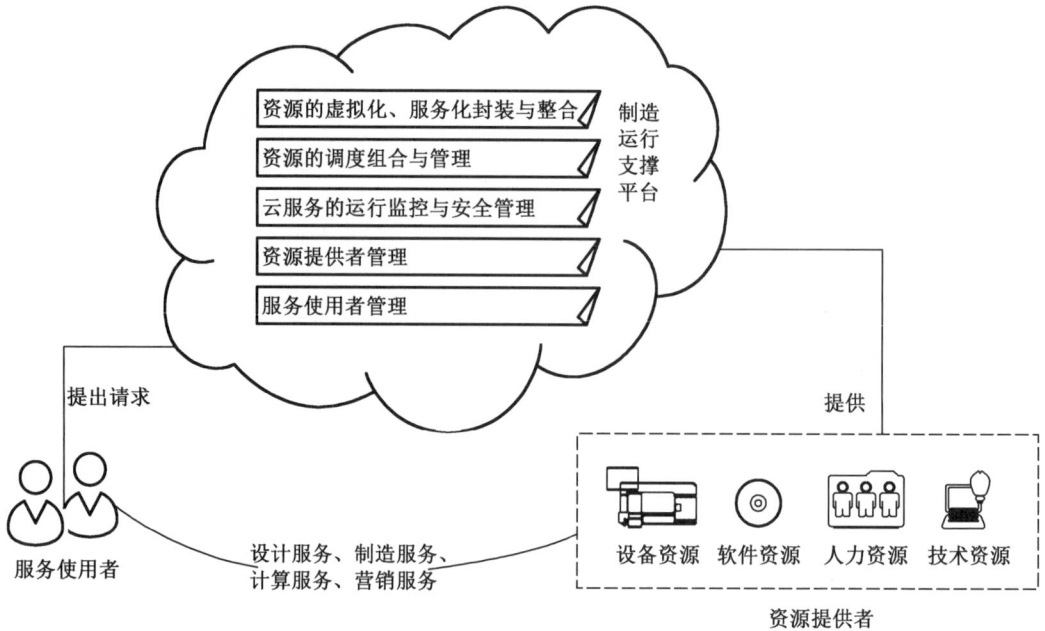

图1-3 云制造运行结构图

1.3 船舶智能制造技术发展现状

1.3.1 造船企业现状

船舶是一种结构复杂、零件繁多、资金投入量极大的大型装备,其建造过程也相当复杂,一件完整的最终产品——船舶,是原材料和零部件经过逐步加工,协调船体、舾装、涂装等多种作业,逐级装配而成的。造船企业在业务流程和管理上与一般企业相比都有很大的区别。造船企业的特征可以归纳为以下几点:

(1)订单生产,多品种、小批量甚至单件生产。船舶产品营销的特点是"以销定产",并且根据客户的要求设计,品种多,批量少,即使是同一个型号的,单个产品间也存在一定的差异。

(2)工程量大,生产周期长,系统复杂度高。生产过程中既有大量零部件的加工制造,又有繁杂的逐级装配,涵盖了经营、物资、设计、计划、成本、制造、质量、安全等各种不同类型的业务,专业、工种繁多。如此大量异质异构、既离散又相关的信息纵横交错地汇聚在一个系统之中,导致物流、信息流的时空紧张,使得整个系统的信息协调和处理变得十分复杂和困难,严重阻碍了造船生产自动化向更高层次发展。

(3)供应链企业多,供应链复杂。船舶建造涉及的物资和原材料品种多、数量多,船东还会对重要设备有特定的品牌要求,重要设备和原料的供应质量与时间点对于整个建造周期有重大影响,因此造船企业与船东、船级社、设备供应商、科研院所、外协单位等众多供应链企业关联十分紧密。

(4)占用大量资金,且投资回收期长、风险大。船舶企业需要大量的基础设施和专用设备,这些设备大多价格昂贵。且在船舶建造过程中,船厂需要为船东垫付大量资金,而船舶产品造价高昂,造船企业投资巨大,资金回收周期较长,因而船厂承担的经济风险很大。

（5）在船舶建造过程中还存在着立体交叉作业多、高空作业多、明火作业多、作业环境差、劳动强度高等特点,使得船舶建造现场存在诸多的安全隐患。同时油漆、打磨等工种工作环境恶劣、对人身健康危害大、技术要求高,使得"招工难"的问题越来越显著。

造船企业的以上特点导致了其管理难度加大,对更加精益和优化的生产要求也更为迫切,在追求精益化和智能化的道路上也遇到了很多难题。

同时,我国造船企业与日韩相比还存在很大差距,其中信息集成度低、装备自动化程度低、流程不精益、管理粗放等问题最为突出,亟待我们解决。

（1）信息化程度低

目前我国造船企业的信息化还停留在单个环节的信息化阶段,且存在很多问题。信息孤岛和断层现象严重,在信息的采集上存在不完善、不准确、不及时的问题,尤其是车间层和管理层之间缺乏有效的信息互动,无论是现场层信息的反馈还是管理层信息的下达都存在很多障碍。

（2）装备自动化程度低

大量采用人工作业,技术水平不稳定,质量波动大,效率低,管理难度大。

（3）流程不精益

船舶建造的流程不够精益化,精度低、不准时,分段建造合格率远低于日韩的90%,由质量问题造成的返工现象很常见,各种信息传递不及时造成错误、车间布置不合理造成物流不畅等问题经常出现,影响了生产的有序和流畅,延长了建造周期,提高了建造成本。

（4）管理粗放

船舶建造需要根据作业的工作量,综合考虑场地、设备、人员等资源,制订出作业负荷均衡、生产有节拍的作业计划。如何按区域、按阶段、按类型对工作进行细化和量化,保证设备物资、人员及相关的操作信息及时到位,保证作业的效率和质量,实现均衡、连续的生产节拍是造船企业精益管理的重要内容。国内造船企业在管理的精细化方面还存在很多不足,没有标准和数据的支撑,而是以依赖经验的粗放式管理为主。

可以看出,通过更高的信息化程度、自动化的工艺装备、更加优化的流程、精细化的管理等手段,提高造船企业的生产效率和质量、降低建造成本是造船企业一直以来的需求。并且,随着竞争压力的日益增加,越来越多的问题和需求会暴露出来。而智能制造技术作为当前制造业发展的核心技术,其应用有助于突破目前造船企业的发展瓶颈,使造船企业实现长远可持续发展。

1.3.2　国外造船企业智能制造现状

1.3.2.1　韩国制定《K-造船再腾飞战略》

2021年,韩国发布了《K-造船再腾飞战略》,提出了"打造世界第一造船强国"的目标蓝图,围绕"具备与接单规模相匹配的生产能力""引领船舶绿色化、智能化""增强造船产业生态系统竞争力"三个领域,支持7项重点任务、18个专项研究,推进战略落地,到2030

年,生产能力提升 30%,建造周期缩短 10%,成本减少 6%。提出增强基于数字化基础设施的生产能力这一重点任务,开展智能船厂专项研究,围绕焊接、涂装、物流、分段制造等用工量较大的生产环节,进行机器人焊接、分段制造数字孪生等 11 个环节核心技术开发;开发船厂内生产、物流等全流程自动化技术,开发可以制订最优生产计划的综合生产管理系统等,提高生产能力及效率,推动船厂内生产、物流等全流程数字化转型。其战略目标如图 1-4 所示。

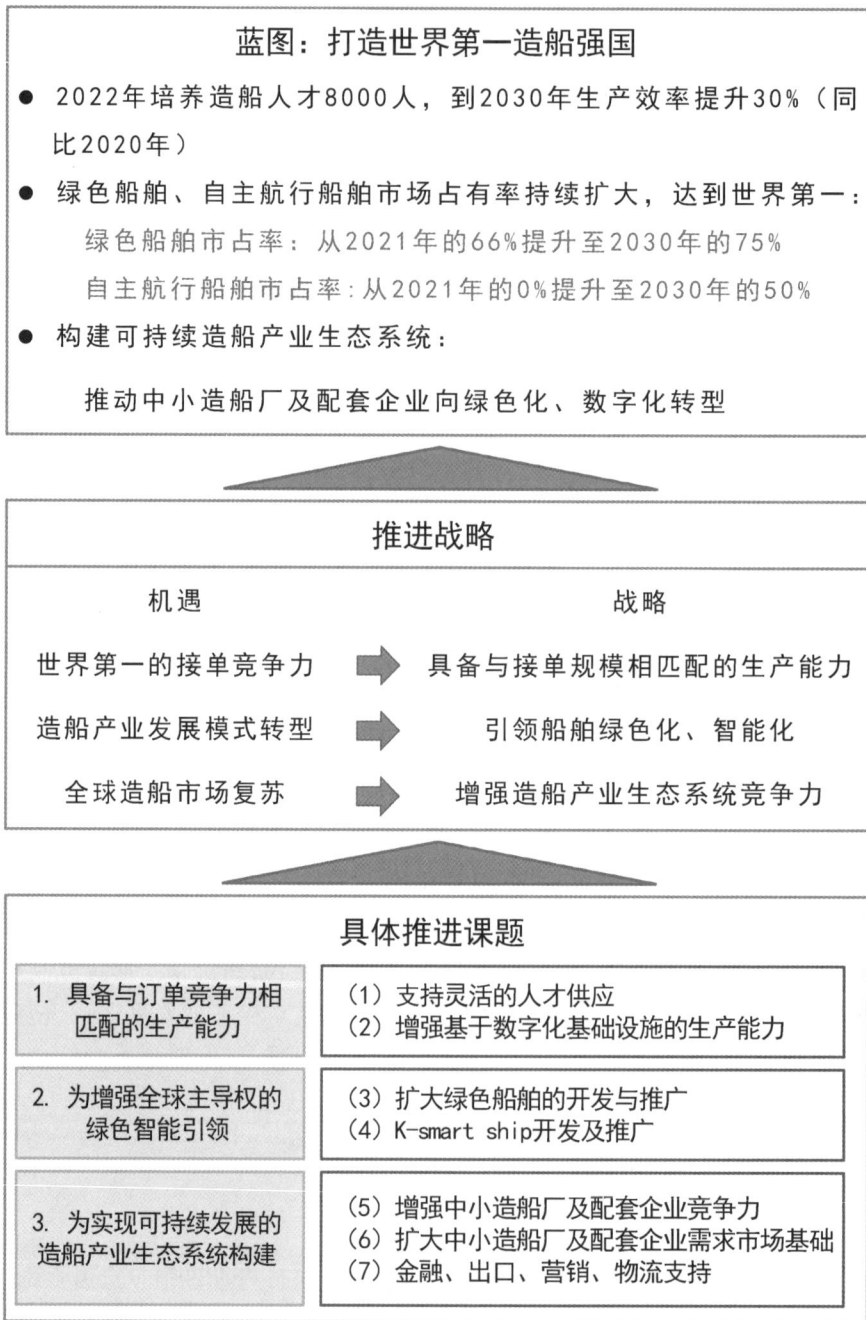

蓝图:打造世界第一造船强国

- 2022年培养造船人才8000人,到2030年生产效率提升30%(同比2020年)
- 绿色船舶、自主航行船舶市场占有率持续扩大,达到世界第一:
  绿色船舶市占率:从2021年的66%提升至2030年的75%
  自主航行船舶市占率:从2021年的0%提升至2030年的50%
- 构建可持续造船产业生态系统:
  推动中小造船厂及配套企业向绿色化、数字化转型

推进战略

机遇		战略
世界第一的接单竞争力	➡	具备与接单规模相匹配的生产能力
造船产业发展模式转型	➡	引领船舶绿色化、智能化
全球造船市场复苏	➡	增强造船产业生态系统竞争力

具体推进课题

1. 具备与订单竞争力相匹配的生产能力	(1) 支持灵活的人才供应 (2) 增强基于数字化基础设施的生产能力
2. 为增强全球主导权的绿色智能引领	(3) 扩大绿色船舶的开发与推广 (4) K-smart ship开发及推广
3. 为实现可持续发展的造船产业生态系统构建	(5) 增强中小造船厂及配套企业竞争力 (6) 扩大中小造船厂及配套企业需求市场基础 (7) 金融、出口、营销、物流支持

图 1-4　韩国造船再腾飞战略目标图

1.3.2.2　韩国骨干船厂制定智能船厂目标

当前,国际造船市场竞争日趋激烈,国外先进造船企业纷纷将船舶智能制造作为提质增效的主要手段。韩国现代重工、大宇造船、三星重工三大骨干造船企业先后发布了未来发展战略,提出了建设智能船厂的目标规划,通过持续的技术创新和应用,提升建造效率,缩短建造周期,增强企业市场竞争力。韩国三大骨干船厂智能制造目标规划如表1-2所示。

表1-2　韩国三大骨干船厂智能制造目标规划

序号	船厂	目标规划	实施路径
1	现代重工	分三阶段建设智能船厂: ● 2023年,建成"看得见的船厂" ● 2026年,建成"连接的、可预测的最优化船厂" ● 2030年,建成"智能自主航行的船厂"	● 制定智能转型发展策略,优化组织架构 ● 注重新型技术引进,强化基础能力建设 ● 多方合作开展技术研究,实现互联互通 ● 构建基于数字孪生的虚拟造船厂
2	大宇造船	到2025年打造成世界最尖端船厂	● 硬件方面打造尖端设备和基础设施 ● 软件方面提升数据/系统管理体系、业务数字化、决策智能化 ● 推进内场作业自动化、外场作业内场化
3	三星重工	到2025年,建立面向未来的数字化船厂,建成引领环保市场的最佳造船厂	● 生产系统智能化 ● 提高计划准确性 ● 管控创新应用

1.3.2.3　全面推进智能船厂关键技术研发

在智能船厂建设过程中,以统筹规划、分步实施为建设原则,国外造船企业制定了智能船厂建设总体方案。针对船舶建造技术现状,围绕船厂互联互通,制造过程自动化、智能化,业务数字化升级,决策智能化等方向,应用数字孪生、人工智能、大数据等信息技术,开发智能化装备、生产线,建设数字孪生车间,开发数据中心及全流程综合管理平台,打破设计、生产、管理信息壁垒,构建基于数字孪生的虚拟造船厂,实现智能化、可视化造船,具体工作如表1-3所示。

表1-3　国外智能船厂建设具体工作

序号	研究方向	具体工作
1	船厂互联互通	● 三星重工采用最新的尖端信息通信技术（Information and Communication Technology，ICT）解决方案，打造船厂专用的工业高速无线网络（P-LTE） ● 现代重工打造5G智能船厂，实现5G网络通信 ● 现代重工制定数据基础设施标准，应用物联网技术，实现船厂互联互通
2	制造过程自动化、智能化	● 现代重工研制智能焊接、涂装机器人，开发焊接监控系统、远程检测平台 ● 大宇造船研制激光复合焊接、全位置智能焊接装备，开发集成控制系统，建设智能复合管件生产线、薄板分段流水线 ● 大宇造船建设无人化钢材堆场、主机舾装作业专用工厂、数字化船坞 ● 三星重工实现基于数字孪生的生产过程可视化
3	业务数字化升级	● 现代重工推进设计制造协同一体化，开发新型CAD软件、PLM系统、内部信息知识资产平台 ● 现代重工开发分段物流管控系统，实时监控全厂分段物流状态 ● 三星重工研发重型设备监控系统、分段过程监控系统、基于地理信息系统（GIS）的集成监控平台 ● 大宇造船开发基于物联网的智能标签位置管理系统；利用智能终端、物联网技术，实现现场业务智能化 ● 现代重工应用数字映射船舶平台（HiDTS）实现虚拟试航 ● 大宇造船建设智能试航中心
4	决策智能化	● 现代重工构建可实时连接从设计到生产全过程的大数据平台 ● 大宇造船建设"智能生产管理中心"，利用大数据、人工智能技术，提供最优决策支持 ● 三星重工建立内部大数据AI平台、综合工作管理平台，建设数字化虚拟船厂 ● 现代重工应用调度优化技术，实现分段堆场高效辅助决策 ● 现代重工构建基于数字孪生的虚拟造船厂、研发安全管控中心及远程智能决策中心 ● 大宇造船开发基于混合现实的船舶建造虚拟平台，建设基于数字孪生的智能造船厂

1.3.3 国外船舶智能制造技术应用案例

1.3.3.1 日本船厂推进船舶智能制造

(1)三维作业指导

日本 IHI 船厂在生产现场部署了三维作业指导终端,并通过 Wi-Fi 将三维作业指令传输到现场,这些三维指令已经过仿真验证,工艺准确率高,使得生产现场作业人员能快速、准确获取工艺信息,大大提高作业质量和作业效率;日本联合造船公司开发了三维作业指令系统,通过该系统,作业人员可在手机或平板电脑上查看图解作业指令。该作业指令可以为船体结构工人提供三维结构分段的装配顺序,为舾装工人提供三维舾装件的装配顺序,同时提供尺寸线和符号。该系统作为制造辅助系统,提供可视化操作说明,帮助作业人员更加清楚地理解作业顺序,做到无纸化生产。三维作业指导系统界面如图 1-5 所示。

图 1-5 三维作业指导系统界面

(2)曲面分段制造流水线

日本 IHI 船厂按生产节拍运转的曲面分段制造流水线如图 1-6 所示,曲面分段在每班时间内移动两次,移动时间由计算的生产节拍确定,然后设计分段使其能在生产节拍内建造完成。该流水线主要包括 6 个工位,有拼板点焊工位和单面焊工位、骨材安装及点焊工位、骨材角焊工位、肋骨焊接安装及点焊工位和肋骨焊接工位。

1.3.3.2 韩国船厂推进船舶智能制造

(1)双曲面弯板加工机器人系统

韩国现代重工成功开发双曲面弯板加工机器人系统。这一系统以物联网和自动化技术为基础,可自动生成加热轨迹,配备高频电流感应加热系统和六轴多关节机器人,能够自动生成一艘船舶的三维曲面,成功解决弯板加工流程标准化这一难题。与人工水火弯板相比,机器人系统可使生产力提高3倍,同时还能改善最终产品质量。该系统每年可节约成本近923万美元,同时还可以保障生产安全。现代重工双曲面弯板加工机器人如图1-7所示。

图1-6 IHI船厂曲面分段制造流水线

图1-7 现代重工双曲面弯板加工机器人

(2)建立厂级有线-无线高速网络覆盖

韩国三星重工的巨济造船厂实现了随时可以通过Wi-Fi登录互联网,采用电缆通信解决方案(PLC),通过电缆实现Wi-Fi无线上网,在造船厂的任何角落都可以使用无线网络实时处理造船作业现场业务。普通的无线网络是在无线网络路由器(AP)上直接连接超高速的互联网电话线,从而建立起一个Wi-Fi网络。通过建立覆盖船舶制造全过程的制造信息感知网,实现各类生产信息的快速联通,为全要素的实时感知与监控打下坚实基础。

(3)基于物联网技术的分段物流管控系统

针对船厂空间有限、分段转运频繁的现状,韩国现代重工引入新的分段物流管理系统,实现对分段物流、存放的优化和自动化管理。该系统借助全球定位系统(GPS)、RFID等泛在网络技术,实时掌握分段位置,结合复杂、先进的计算法则,系统布置船厂内的所有分段,从而使分段便于运输车的接近,降低无效搬运次数,实现生产现场的实时管理和控制,提高作业效率。

1.3.4 国内造船企业智能制造现状

近年来,我国船舶工业智能制造提出了“三步走”的战略发展规划,工业和信息化部发布了《推进船舶总装建造智能化转型行动计划(2019—2021年)》和《船舶总装建造智能化标准体系建设指南(2020版)》,旨在加快新一代信息技术与先进造船技术深度融合,推动船舶总装建造智能化转型。国内骨干船厂开展了一系列关于智能船厂方面的有益探索,将新模式、新技术、新装备引入船舶建造过程中,进一步提升国内船企软实力。按照“点、线、面”三位一体,系统推进船舶总装建造智能化转型,“点”上突破了一批智能制造关键技术和短板装备,“线”上集成了型材、条材、小组立、平面分段、管子加工等中间产品智能生产线,“面”上研发了分段车间制造执行系统(MES),建成船体分段智能制造示范车间,提高了船舶生产效率与质量,自主可控水平显著提升。

船舶互联互通方面:在船体分段制造阶段初步建立了车间互联互通平台,积累了一定的数据基础,但在物联网、信息感知交互、通信网络等领域处于起步阶段。

制造过程自动化、智能化方面:在先行作业阶段装备自动化率达60%以上,但在分段总组、船台/船坞搭载、码头试航等后行作业阶段的数字化程度与国外差距明显,分段总组、船坞等外场焊接依赖人工,自动化率仅为10%,处于严重依赖人工作业阶段。

业务数字化升级方面:船舶制造过程中焊接设备、大型起重机、运输设备等关键装备数字化程度低,数据集成困难,需进行现役装备数字化升级。船坞搭载、试验试航等业务领域数字化技术手段落后,关键建造周期长,亟须进行数字化船坞、虚拟试航等数字化升级技术研究。

决策智能化方面:船舶总装建造过程与新一代信息及智能技术融合度低,管控技术手段精细化、可视化、智能化水平不足,智能决策支持技术不足。未构建数据字典及大数据AI平台,管控系统孤立,存在数据信息孤岛,造船全流程资源利用受限。未应用人工智能、数字孪生技术建立可视化船厂智能生产管理平台,实现资源全面感知、分段精准定位与智能调度、风险预测与能耗监控等智能决策支持。

总的来说,我国造船企业对智能制造技术的应用还处于初步阶段,与国外相比还存在较大差距,但智能制造技术对于我国造船企业提升竞争力的重大意义是毋庸置疑的,所以如何将智能制造技术与船舶行业完美融合是亟待解决的问题。

1.3.5 国内船舶智能制造技术应用案例

1.3.5.1 南通中远海运川崎船舶工程有限公司船舶智能制造项目

南通中远海运川崎船舶工程有限公司的船舶制造智能车间建设,实现了各加工系列的智能制造,即工装自动化、工艺流水化、控制智能化、管理精益化,保障了产品质量的稳定,缩短了加工周期,极大地提高了生产效率,产品质量和建造效率达到世界先进水平。

南通中远海运川崎船舶工程有限公司在船舶智能化制造方面,率开国内先河,高度自动化的流水作业生产线加上柔性化的船舶生产工艺流程,实现了船舶制造的自动化操作和流水式作业。

(1)型钢生产线

型钢是船体常用部材之一,原先的生产方式从画线、写字到切割、分料,完全采用手工作业,效率低,周期长,劳动强度大,且难免出现误操作。型钢自动化生产线建成后,实现了从进料—切割—自动分拣—成材分类叠放全过程的智能制造,包括物料信息传输和物料切割智能化以及物料分类感知智能化,配员由原来的20人减少为7人,有效减少了人工成本,缩短了生产周期,降低了劳动强度,为后续扩大机器人应用积累了经验。

(2)条材机器人生产线

条材是分段制造的主要部材之一,它的特点是数量多,大部分比较短小。原来的条材生产方式,包括画线、写字、开条、端部切割、打磨、分料等全是手工作业,效率低,生产周期长,容易出错。条材机器人生产线的投产,实现了信息传输和物料传输感知智能化以及加工智能化,配员由原来的22人减少为8人,提高了生产效率,缩短了生产周期,降低了劳动强度。南通中远海运川崎船舶工程有限公司条材机器人生产线如图1-8所示。

图1-8 南通中远海运川崎船舶工程有限公司条材机器人生产线

（3）先行小组立机器人生产线

尽管造船中厚板电弧焊接实现机器人作业困难很多，但南通中远海运川崎船舶工程有限公司还是从最简单的先行小组材开始，推进机器人焊接。传统的制造方式是钢板在定盘上全面铺开，一块一块地装配、焊接、翻身、背烧，占用面积大，制造周期长，效率低。先行小组立机器人生产线投产后，实现了工件传输和焊接智能化，以及自动背烧、自动工件出料，整条生产线仅配一名员工操作，配员减少一半以上。流水线生产方式是工业化大生产的必然要求。对造船业而言，车间内生产作业的流水线化将是今后实施船舶智能制造的一个重要发展方向。目前南通中远海运川崎船舶工程有限公司已实施了大舱肋骨、Y龙筋、焊接装置等数个半自动化生产线技改项目，取得了良好的效果。南通中远海运川崎船舶工程有限公司先行小组立机器人生产线如图1-9所示。

图1-9　南通中远海运川崎船舶工程有限公司先行小组立机器人生产线

1.3.5.2　大连中远海运川崎船舶工程有限公司船舶智能制造项目

2018年9月，工业和信息化部发布2018年全国智能制造试点示范项目名单，大连中远海运川崎船舶工程有限公司的船舶智能制造试点示范项目名列其中，成为2018年唯一获评该项目的船舶制造企业。大连中远海运川崎船舶工程有限公司积极用现代信息、人工智能、工业自动化等技术改造升级传统设备，先后引进和研发了"钢板全面印字机""钢板数控切割""型钢切割流水线""高速焊接机器人"等7条智能自动化生产线，有多项技术创新为国内或业内首创。

（1）钢板全面印字机

"钢板全面印字机"利用目前国际先进的工业计算机和电子打印技术，通过系统集成并采用磁悬浮技术，将预处理后的每一块钢板的设计信息通过全面打印机快速准确地打印在钢板上，让每一块钢板都有了独一无二的身份标识，为后续切割、理料、焊接等工序提供了精准的依据,与以往人工录入相比具有省时、省力、规范、便于自动化生产等特点,极大提高了企业的生产效率和钢材的利用率。大连中远海运川崎船舶工程有限公司钢板全面印字机如图1-10所示。

图1-10 大连中远海运川崎船舶工程有限公司钢板全面印字机

(2)高速焊接机器人

为攻克厚钢板焊接质量工艺难题,大连中远海运川崎船舶工程有限公司引进了国内首台高速焊接机器人,将原来需要多人、多天才能完成的钢板定盘、吊运、翻身、背烧等焊接环节,变为现在仅需一个人点一下鼠标,焊接机器人就能马上完成工件的传输、焊接、背烧和出料。

通过智能制造技术的广泛应用,大连中远海运川崎船舶工程有限公司的人数不足同等规模传统船厂的一半,但企业的生产效率和产品质量却得到了大幅提高,年造船能力和企业经济效益稳步提升,也让企业从劳动密集型加快朝智能、绿色方向转型升级。

1.3.5.3 广州广船国际股份有限公司薄板平面分段流水线建设

广州广船国际股份有限公司以豪华客滚船薄板平面分段为生产对象,形成了涵盖智能生产线、感知系统和智能管控系统等的完整智能车间体系。通过推进智能车间、生产线智能看板及车间工业互联网的建设应用,自主采集车间制造数据并通过制造仿真系统仿真分析,持续优化车间生产过程,实现生产准备透明化协同、生产设备智能化互联、生产资源智能管理调配、生产规划及排程智能优化、生产质量智能检测闭环处理等。按车间要求定义工艺信息库、加工信息输出规则库;定义装配计划并仿真和验证装配顺序的合理性;船体结构三维模型由设计到生产的处理过程中,在三维模型基础上添加加工信息,输出生产所需图纸及交付物。通过从设计到生产整个船体结构分段全生命周期的虚拟设计仿真系统的应用,大大提高船体结构分段的设计质量、提高建造效率、缩短建造周期、降低建造成本。

广州广船国际股份有限公司薄板平面分段流水线如图1-11所示。

图1-11　广州广船国际股份有限公司薄板平面分段流水线

1.3.5.4　江南造船(集团)有限责任公司推进焊接数字化管控

江南造船(集团)有限责任公司对焊工施焊过程中的焊接参数进行数字化管控,通过人、机、物的互联实现了焊接规程、焊缝、焊工权限等要素的预设、违规操作警示、自动停机阻止和规程作业可追溯等。目前已有1 300余台焊机纳入管控范围,以数字化、信息化的技术来管控焊接质量,实现了从"人控质量"到"机控质量"的变革。江南造船(集团)有限责任公司焊机联网管控如图1-12所示。

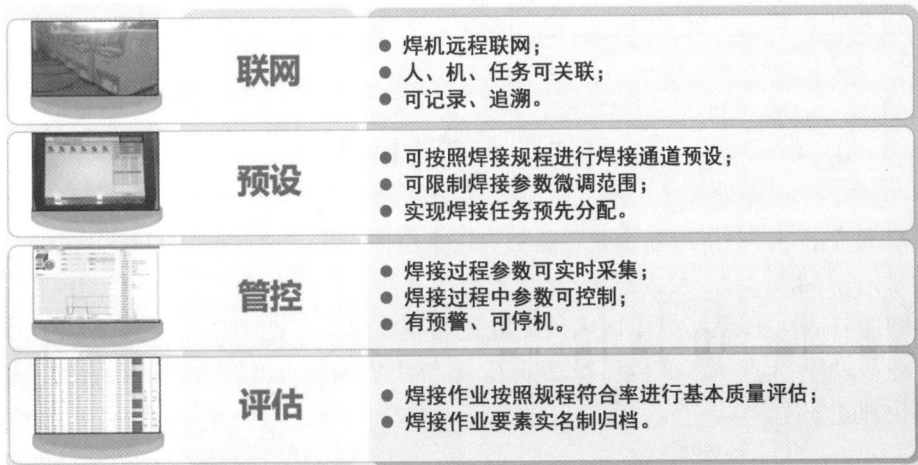

图1-12　江南造船(集团)有限责任公司焊机联网管控

1.4 国内外先进造船企业船舶智能 制造能力分级状况

我国造船企业众多,软硬件各异,其船舶建造技术水平也各不相同。依据《智能制造能力成熟度模型白皮书(1.0版)》中关于智能制造能力的分级标准,以国内一般船企、国内先进船企和国外先进船企作为对比对象,从设计、生产、资源要素、互联互通、系统集成和信息融合方面进行智能制造能力的分级,经专家评测,造船企业船舶智能制造能力分级对比如表1-4所示。

表1-4 造船企业船舶智能制造能力分级对比表

对比方向		国内一般船企	国内先进船企	国外先进船企
设计	工艺设计	2	3	4
生产	计划与调度	2	3	4
	生产作业	2	3	3
	质量控制	1	3	3
	仓储与配送	1	2	3
资源要素	设备	1	3	4
互联互通	网络环境	—	3	4
	网络安全	—	4	4
系统集成	应用集成	3	3	4
	系统安全	3	5	5
信息融合	数据融合	—	—	4
	数据应用	—	4	4
	数据安全	—	4	4

1.5 本 章 小 结

本章围绕国内外骨干造船企业智能制造技术总体水平,分别对智能制造的内涵、特征,以及物联网、工业机器人、大数据、云计算等技术发展状况进行分析,并结合当前国内外船舶行业智能制造发展现状,提出国内外先进造船企业船舶智能制造能力分级水平,为我国船海企业从设计、生产、资源要素、互联互通、系统集成和信息融合方面进行智能制造能力分级提供理论依据。

第2章　船舶智能制造系统结构

2.1　概　　述

本章通过分析智能工厂概念及内涵,提出了智能船厂的基本框架体系、船舶智能制造系统功能及特点,以及船舶智能制造标准,为我国智能船厂的构建指明了方向。

2.2　智能工厂概念及内涵

智能工厂是智能制造生态系统的核心,也是未来智能制造基础设施中的关键组成部分。智能工厂的概念最早于2009年在美国提出,其本质是工业化和信息化的高度融合。智能工厂将来自机器系统和人类专家的各类数据与信息固化为知识,并构建基于知识的虚拟数字化工厂,使实体工厂与虚拟数字化工厂通过各类信息管理系统和平台实现深度交互,而机器系统和管埋者通过获得生产需求和感知外部环境变化,基于虚拟数字化工厂的决策支持组织生产,进而不断优化,实现闭环生产。

智能工厂由实体工厂和虚拟数字化工厂共同构成。智能工厂的架构如图2-1所示。

一方面,虚拟数字化工厂存储了各类知识和虚拟资源,辅助智能设计、生产过程的虚拟仿真优化、决策控制等各类活动,并对智能装备和自动化生产线直接下达生产指令,通过MES、产品生命周期管理(PLM)、企业资源计划(ERP)、供应链管理(SCM)等智能管控系统对实体工厂的各类活动进行在线管控;另一方面,在生产过程中,利用感知技术和网络,智能设备和自动化生产线可以对外界环境的变化产生自我调节和反应,也可以将感知的信息再通过网络传输到智能管控系统,来达到对车间现场的实时控制,并且经过现场数据的反馈,机器和系统不断学习,完成自优化的过程。

智能工厂的内涵包括以数字化为基础、全面感知、人机协同、自组织、自学习、自维护、高柔性和网络化制造。此外,智能工厂还具有以下两个特性:

第一,智能工厂以数据和知识为核心,即将产品的整个制造过程看成数据的获取、存储、加工、处理和使用的过程,并不断沉淀为人类智慧和机器智慧的共同产物——知识。

第二,智能工厂注重设计研发、生产制造、经营管理、服务、回收各个阶段的在线动态智能化管控和协同优化,即利用网络提高管理的实时性和透明度;注重整合包括工厂内部和外部更大范围的各类资源,把制造的各个相关过程和环节以服务的形式呈现给客户,形成多元化的制造业运行模式。

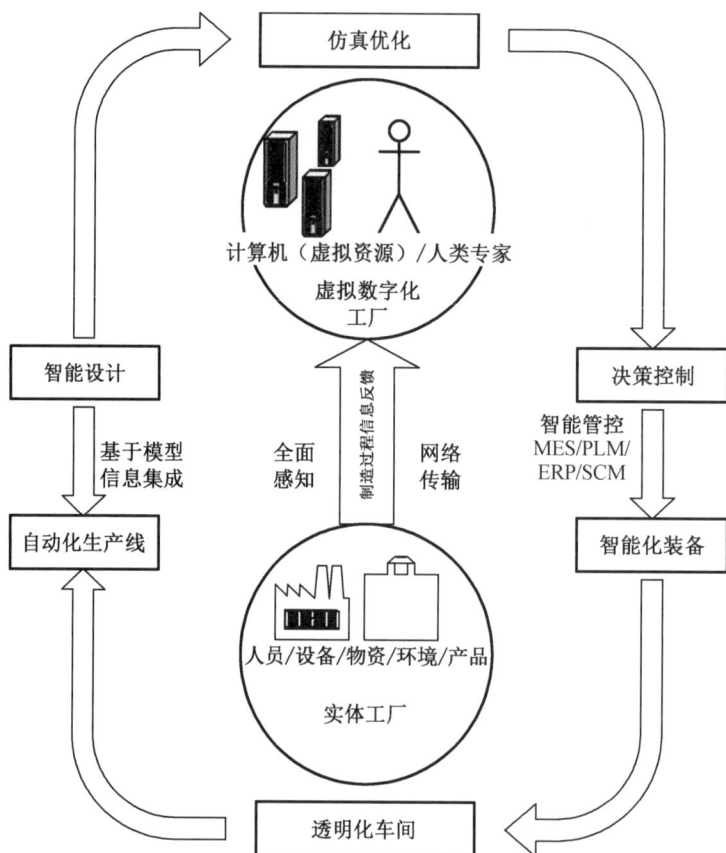

图 2-1　智能工厂架构图

2.3　智能船厂的基本框架体系

2.3.1　现代船厂的框架体系

为适应我国船舶工业快速发展的需要,我国在 20 世纪末快速转变船舶建造方法,形成了"以统筹优化理论为指导,应用成组技术原理,以中间产品为导向,按区域组织生产,壳(船体建造)、舾(舾装)、涂(涂装)作业在空间上分道、在时间上有序,实现设计、生产、管理一体化,均衡、连续地总装造船"的现代造船模式,并在该造船模式的指导下,构建了具有以中间产品为导向的标准化设计,以半自动化、自动化装备与生产线为手段的流水化生产,以信息化技术为支撑的精益化管理等特征的现代船厂目标图像。

基于现代造船模式的我国现代船厂的基本框架体系如图 2-2 所示。

现代船厂的基本框架分为支撑层、车间级管控层、企业级管控层、过程层和企业层 5 个层级。在支撑层,依托现代船舶建造技术体系,造船企业围绕造船流程各环节研发了用于切割、加工、装焊、涂装、检测等半自动化、自动化装备与生产线,并构建了一系列保障生产和管理的辅助体系,如网络安全体系、质量管理体系等;在车间级管控层,造船企业联通企业 CIMS 和车间生产现场的生产管理系统,支撑车间计划执行、资源调度、质量管控、物流配送等工作的开展,保障企业生产的有序进行;在企业级管控层,造船企业开展了 CIMS 的构建,打通企业产品数据管理(PDM)系统和 ERP 系统,实现企业内的信息共享,但目前的进展并不理想,仍存在信息孤岛现象;在过程层,大型骨干船厂实现了从合同设计至产品检测流程体系的构建,小型船厂仅负责船舶的产品制造和产品检测,设计方面完全依赖设计院所;在企业层,船厂拥有适合企业发展的管理理念、组织模式和业务流程,形成了一系列的企业标准规范,并构建了企业信息门户与外界相连、企业内部信息网络联通企业各个层级的内外连接方式。

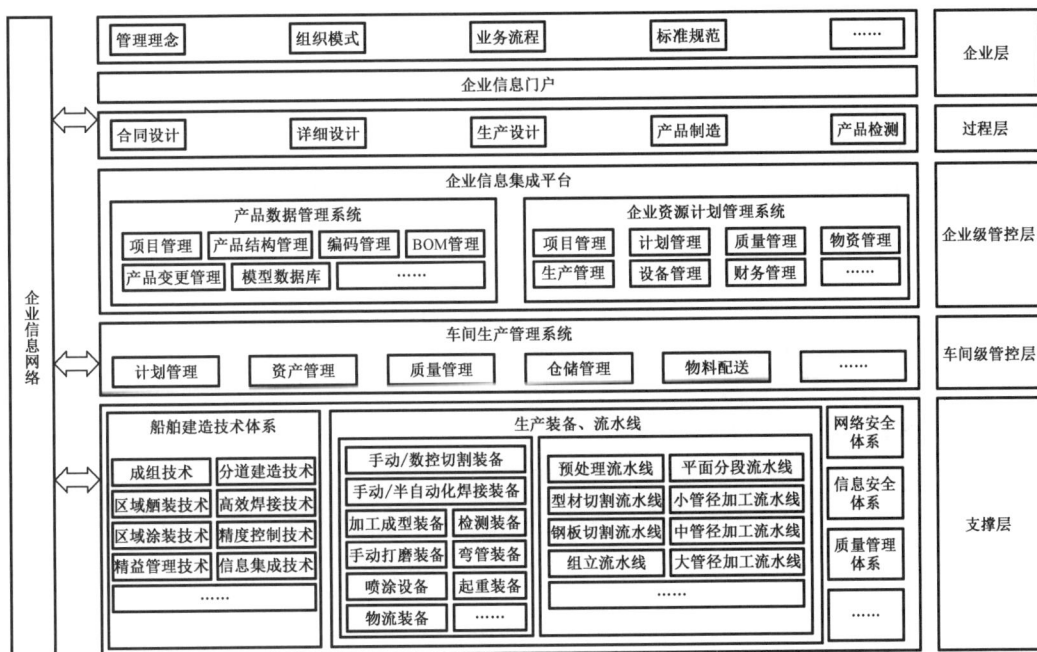

图 2-2　我国现代船厂的基本框架体系

2.3.2　智能工厂的框架体系

2.3.2.1　美国智能工厂的框架体系

美国通用电气作为全球大型军工企业智能化发展的领跑者,其生产的产品种类多、产品批量和市场规模大,拥有良好的数字化、智能化基础。

通用电气公司 2012 年首次提出"工业互联网"战略,引领了新一轮工业革命浪潮。2014 年,通用电气公司将"工业互联网"和先进制造融合,提出了"卓越工厂"建设模式,其核心思想是借助数据链打通设计、制造、供应链、销售、服务等环节,搭建工厂互联网平台,实时采集、分析、优化数据,实现工厂智能化生产,如图 2-3 所示。

"卓越工厂"制造模式包含以下五个重要技术支柱:一是虚拟设计制造。实现制造供应商之间的虚拟设计、仿真软件的相互联通。二是先进制造技术。采用三维打印设备,工人能够快速制造新产品设计方案的样件,可加速下一代产品的研发速度。三是智能机床。实现机器设备自动采集数据,并与车间内其他机器的数据进行互通,以使机器性能达到最优。四是柔性工厂。通过相应软件平台,对各类生产数据进行实时分析、智能决策,无须停机即可实时调整、优化流程,实现车间灵活柔性生产。五是可重构的供应链。通过对供应链保持可见性,使供应商能够按时按需提供相应物料,提高供应商的执行能力。另外,为了构建"卓越工厂",上述五个重要技术支柱还需要强大的信息技术基础架构及通用软件平台的支撑。通过信息技术基础架构将整个制造供应链连接起来,创造一个信息数据高速公路。通过通用软件平台将企业内与制造相关的所有数据系统集成起来。

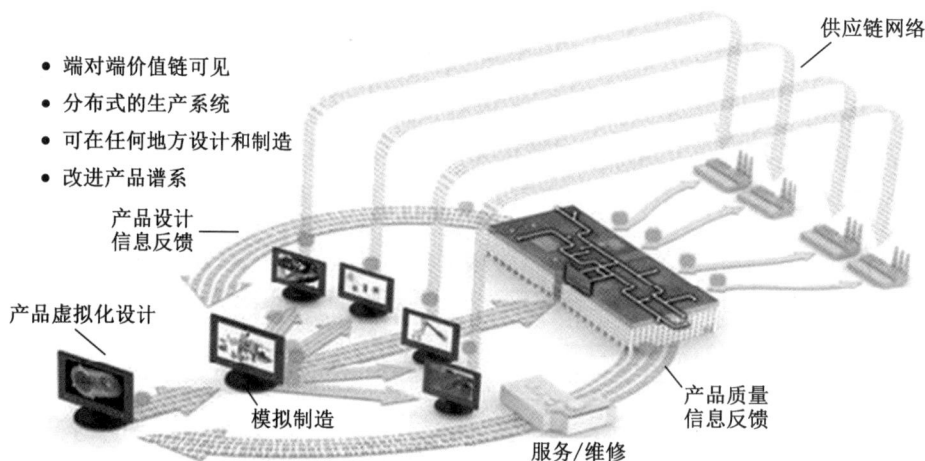

图 2-3　通用电气公司智能工厂建设模式示意图

2.3.2.2　德国智能工厂的框架体系

在德国的"工业 4.0"规划中,智能工厂的核心架构包括三个层面:

(1)建设信息物理系统(CPS):CPS 就是指物理设备连接到互联网上,让物理设备具有计算、通信、精确控制、远程协调和自治等五大功能,从而实现虚拟网络世界与现实物理世界的融合,将网络空间的高级计算能力有效地运用于现实世界中,从而在生产制造过程中通过传感器采集并分析与设计、开发、生产有关的所有数据,形成可自律操作的智能生产系统。

(2)实现三个集成:"工业 4.0"中的三项集成包括横向集成、纵向集成与端对端的集成。"工业 4.0"将无处不在的传感器、嵌入式终端系统、智能控制系统、通信设施通过 CPS 形成一个智能网络,使人与人、人与机器、机器与机器以及服务与服务之间能够互联,从而实现横向、纵向和端对端的高度集成,集成是实现"工业 4.0"的重点也是难点。

(3)大数据分析利用:"工业 4.0"时代,制造企业的数据将会呈现爆炸式增长态势。CPS 的推广、智能装备和终端的普及以及各种各样传感器的使用,将会带来无所不在的感知和无所不在的连接,所有的生产装备、感知设备、联网终端,包括生产者本身都在源源不断地产生数据,这些数据将会渗透到企业运营、价值链乃至产品的整个生命周期,是"工业4.0"和制造革命的基石。

德国著名业务流程管理专家 August-Wilhelm Scheer 教授提出的智能工厂框架强调了MES 在智能工厂建设中的枢纽作用,提出了智能工厂可以分为基础设施层、智能装备层、智能生产线层、智能车间层和工厂管控层五个层级。Scheer 教授提出的智能工厂架构如图2-4 所示。

图 2-4 Scheer 教授提出的智能工厂架构图

(1)基础设施层

企业首先应当建立有线或者无线的工厂网络,实现生产指令的自动下达和设备与生产线信息的自动采集;形成集成化的车间联网环境,解决不同通信协议的设备之间,以及PLC、计算机数字控制机床(CNC)、机器人、仪表/传感器和工控/互联网技术(IT)系统之间的联网问题;利用视频监控系统对车间的环境、人员行为进行监控、识别与报警;此外,工厂应当在温度、湿度、洁净度的控制和工业安全(包括工业自动化系统的安全、生产环境的安全和人员安全)等方面达到智能化水平。

(2)智能装备层

智能装备是智能工厂运作的重要手段和工具。智能装备主要包含智能生产设备、智能检测设备和智能物流设备。制造装备在经历了机械装备到数控装备后,目前正在逐步向智能装备发展。智能化的加工中心具有误差补偿、温度补偿等功能,能够实现边检测、边加工。工业机器人通过集成视觉、力觉等传感器,能够准确识别工件,自主进行装配,自动避让人,实现人机协作。金属增材制造设备可以直接制造零件,DMG MORI 已开发出能够同时实现增材制造和切削加工的混合制造加工中心。智能物流设备则包括自动化立体仓库、智能夹具、自动导向车(AGV)、桁架式机械手、悬挂式输送链等。例如,Fanuc 工厂就应用了自动化立体仓库作为智能加工单元之间的物料传递工具。

(3)智能生产线层

智能生产线的特点是,在生产和装配的过程中,能够通过传感器、数控系统或 RFID 自动进行生产、质量、能耗、设备绩效等数据采集,并通过电子看板显示实时的生产状态;通过

安灯系统实现工序之间的协作;生产线能够实现快速换模,实现柔性自动化;能够支持多种相似产品的混线生产和装配,灵活调整工艺,适于小批量、多品种的生产模式;具有一定冗余,如果生产线上有设备出现故障,能够调整到其他设备生产;针对人工操作的工位,能够给予智能的提示。

(4)智能车间层

要实现对生产过程的有效管控,需要在设备联网的基础上,利用制造执行系统、先进生产排产系统、劳动力管理等软件进行高效的生产排产和合理的人员排班,提高设备利用率(OEE),实现生产过程的可追溯,减少在制品库存,应用人机界面(HMI)以及工业平板等移动终端,实现生产过程的无纸化。另外,还可以利用数字映射(digital twin)技术将制造执行系统采集到的数据在虚拟的三维车间模型中实时地展现出来,不仅可以提供车间的虚拟现实(VR)环境,而且可以显示设备的实际状态,实现虚实融合。

车间物流的智能化对于实现智能工厂至关重要。企业需要充分利用智能物流装备实现生产过程中所需物料的及时配送。企业可以用电子标签拣货系统(DPS)实现物料拣选的自动化。

(5)工厂管控层

工厂管控层主要是实现对生产过程的监控,通过生产指挥系统实时洞察工厂的运营,实现多个车间之间的协作和资源的调度。流程制造企业已广泛应用分散控制系统(DCS)或PLC控制系统进行生产管控,近年来,离散制造企业也开始建立中央控制室,实时显示工厂的运营数据和图表,展示设备的运行状态,并可以通过图像识别技术对视频监控中发现的问题进行自动报警。

2.3.2.3 中国智能工厂的框架体系

智能工厂是智能制造的重要载体,基于中国智能制造的战略目标,企业智能工厂建设的总体目标为:在生产制造的各个环节应用智能制造技术,完美融合智能装备,建立企业智能化管理平台,基于全价值链实现产品全生命周期的数字化应用,以相关车间为试点进行智能车间建设,创新驱动,信息化和工业化深度融合,建成以降低成本、缩短研发周期、提升产品质量和生产效率为核心的全价值链的智能工厂。

对于离散制造业而言,产品往往由多个零部件经过一系列不连续的工序装配而成,其过程包含很多变化和不确定因素,在一定程度上增加了离散型制造生产组织的难度和配套的复杂性。企业常常按照主要的工艺流程安排生产设备的位置,以使物料的传输距离最小。面向订单的离散型制造企业具有多品种、小批量的特点,其工艺路线和设备的使用较灵活,因此,离散型制造企业更加重视生产的柔性,其智能工厂建设的重点是智能制造生产线。

各行业专家也提出了各自行业智能工厂体系架构的设想:

(1)杜宝瑞等提出航空智能工厂基本架构。其基本架构包括智能决策与管理系统、企业虚拟制造平台、智能制造车间等关键组成部分,如图2-5所示。

智能决策与管理系统包含了ERP、PLM、SCM等一系列生产管理工具;企业虚拟制造平台主要针对企业运行流程,如经营决策、生产计划、制造过程等进行建模与仿真,以及建立虚拟平台与制造资源之间的关联;智能制造车间主要由车间中央管控系统、智能生产线、智能制造装备、仓储物流系统等组成。

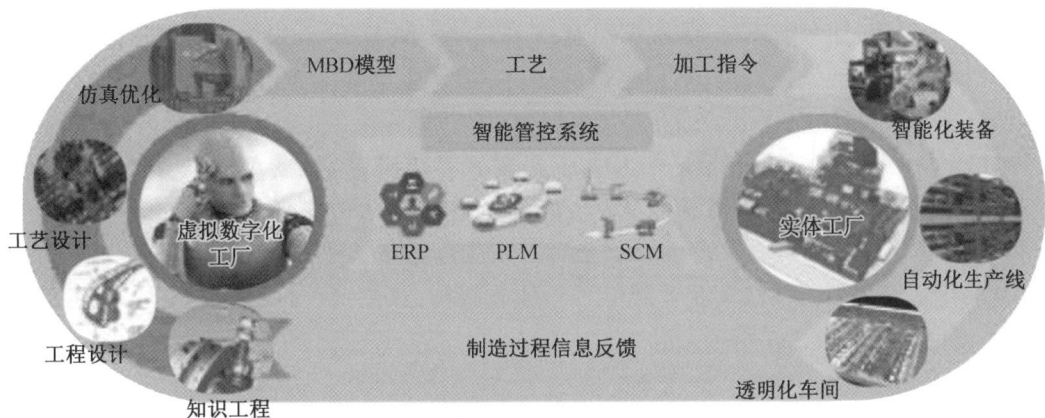

图 2-5　航空智能工厂基本架构

(2)孟震威等提出的航空发动机制造业智能工厂体系架构,如图 2-6 所示。

图 2-6　航空发动机制造业智能工厂体系架构

①智能工厂体系:包含智能工厂管理理念、组织模式、业务流程、标准及规范、技术与工具。

②虚拟工厂:涵盖两个方面,一是车间模拟,包含生产车间/生产线三维布局设计与优化仿真、物流设计与优化仿真;二是数字化制造,包括数字化工艺设计系统和数字化工艺仿

真系统。数字化工艺设计系统包含设计制造协同、结构化三维零件工艺设计、结构化装配工艺。数字化工艺仿真系统包含工厂布局及物流仿真、数控加工仿真验证、产品运动仿真和机器人仿真。

③虚实结合:包含虚拟试运行、生产系统远程监控、机电一体化概念设计、数字化车间制造执行管理(机加车间 MES、装配车间 MES 和其他车间 MES,其内容包含制造数据管理、车间计划排程、生产调度管理、物料跟踪管理、工位管理、看板管理、制造资源管理、设备维护管理、车间质量管理和数据采集)以及生产车间数据监控与数据采集。

④实体工厂:构建涵盖自适应加工中心、运输装置、传送带、机器人(手)、料仓、刀库、清洗烘干机和测量机及标印识别装置等设备的数字化加工车间,实现航空发动机叶片类、机匣类零件,由毛坯状态自动入线,进而智能加工制造为合格产品并自动出线。

(3)廖瑗等提出我国汽车企业智能工厂体系架构,其主要包括智能装备层、智能感知层、智能管控层,如图 2-7 所示。

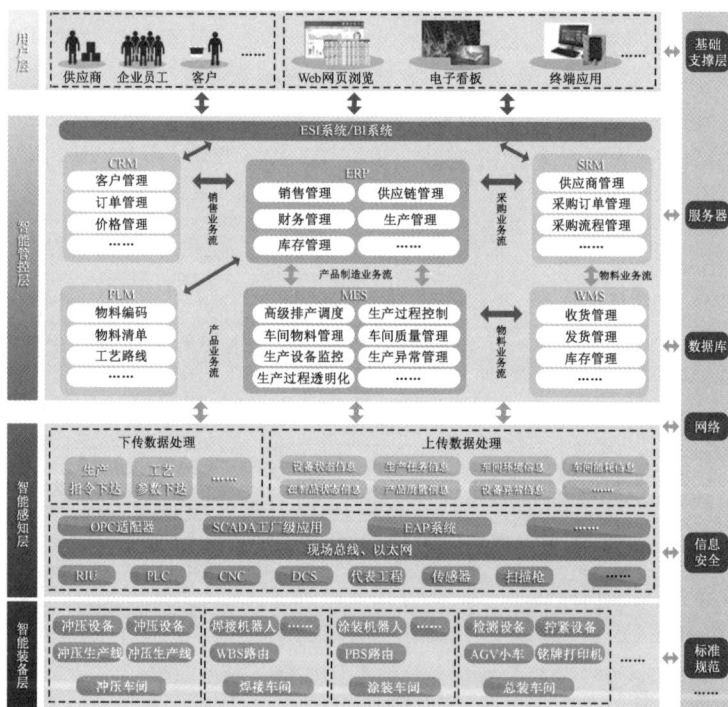

图 2-7　汽车企业智能工厂体系架构

①智能装备层:底层装备的智能化是汽车企业建设智能工厂的基础。我国汽车企业需从智能仓储、智能物流、智能生产等方面入手,将互联网、物联网、智能工业机器人等先进技术应用于汽车生产现场,提高底层装备的智能化程度,提升汽车企业现场生产效率,重点突破装备间的互联互通,组建智能化柔性生产单元、生产线,提升现场底层的生产能力,以适应大规模定制带来的柔性化生产需求。

②智能感知:智能感知层构建了汽车生产现场底层的智能感知系统,是整个智能工

厂的"神经系统"和"感知系统",起着承上启下的作用。它向上需要实现执行过程中的设备状态信息、生产完工信息、工艺执行参数信息、设备故障信息、车间能耗信息、在制品状态信息、质量检测数据等多源异构信息的智能感知、实时采集和反馈,向下需要将上层管理系统(如制造执行系统、仓储管理系统等)的指令传递至底层智能装备,通过自动控制系统、分散控制系统等控制单元,完成对底层智能装备的柔性调度和远程控制。

③智能管控层:智能管控层主要通过支持上层管理系统间的集成运行,来实现汽车企业内部管控业务的协同。该层以企业资源计划系统、智能制造执行系统为核心,通过开发相应的信息系统集成接口支持与产品生命周期管理系统、客户关系管理系统、供应商关系管理系统、仓储管理系统的集成与数据共享,打破企业内部各管理信息系统间的信息壁垒,实现汽车研发设计、采购供应、生产计划、制造执行、物流跟踪、品质监控、销售服务等环节的综合集成运行;同时通过与智能感知系统的集成与互联,打通企业管理信息系统与智能车间现场的信息通道,实现企业管理层与生产现场层的上通下达;建设行为识别系统(BI系统),通过采集、整合、分析、管理各个业务系统数据,对企业信息资产进行探索、展示与挖掘,实现对分散在企业内部系统中数据的全面开发利用,为企业开展操作层、战术层和战略层的决策提供数据支撑。

2.3.3　现代船厂与智能工厂框架体系的关联与差异

现代船厂与各行业的智能工厂虽生产对象不同、技术基础不同,但在框架体系的层级划分方法上大致都具有基础设备与生产线层、车间管控层、企业层(含产品设计)的结构层级,虽部分层级有所细分,但总体上各层级所涉及的要素在一定程度上具有相似性。但由于对于新一代信息通信技术应用的深度不同,因此在各层级均有所差异。

在建造技术的应用方面,现代船厂注重工程分解及壳、舾、涂作业一体化和设计、生产、管理一体化技术的应用;智能工厂注重生产技术与新一代信息技术的融合使用,如利用大数据、云计算指导生产,用物联网支撑高效生产。

在基础设备设施方面,现代船厂的设备设施以半自动化、自动化为主;智能工厂更强调智能感知设备和智能化装备与生产线的应用,进一步提高了生产过程的柔性。

在车间的管控方面,现代船厂的管控能力尚不足;智能车间建立在数字化单元、设备互联互通的基础上,能够实现生产过程数据的有效收集、处理与分析,实现生产线的异常报警、故障诊断、自主决策和预测维护等,推进生产过程的透明化和可视化,保障车间的有序生产、有效管控及持续优化。

在企业的管控方面,现代船厂针对设计、生产、管理等方面进行了一系列系统的开发,保障了企业的正常生产,一些大型船厂一定程度上实现了企业各系统的信息集成,构建了信息集成平台,但产品服务仍是弱项;智能工厂在企业管控方面更强调对产品全生命周期管控平台和企业内外协同平台的构建,推进企业的智能决策和智能服务,打造企业生态系统,实现上下游企业的协同发展和共赢。

在产品设计方面,智能工厂更强调实行智能设计模式,进一步提高了设计的质量和效率。

2.3.4　智能船厂的框架体系

2.3.4.1　智能船厂的主要特征

从智能制造要求和智能工厂的概念、内涵来看,智能化的船厂是通过新一代信息通信技术,在建设现代船厂的基础上,扩大船厂基础网络覆盖范围,构建船厂互联互通平台,打通设计、生产和管理整个船舶生命周期的数据互联和实现资源共享;通过数字化设计甚至是虚拟船厂,利用三维模型和数据的虚拟仿真驱动产品的高效生产和精益管控;通过船厂纵向、横向和端到端的系统集成,包括 PDM、ERP、MES、SCM 等,构建企业的系统集成平台;强化企业各类数据的采集、处理、分析和应用;通过智能化的关键工艺装备,构建企业智能化的生产线和车间,提升生产效率和质量。最终,实现整个智能船厂的"泛在感知""人机协同""高度集成""模型驱动""自主决策"和"企业协同"等功能。

在 CPS 的支持下,离散型制造业通过纵向、横向和端到端的集成,构建基于工业大数据和"互联网"的智能工厂,推动工厂实现设计智能化、装备智能化、生产方式智能化、管理智能化、服务智能化。因此,作为离散型制造业的智能船厂也应具备这 5 大主要特征:

(1)设计智能化:通过互联网、云计算、大数据、关联设计等技术,实现多专业协同的快速建模、三维送审、基于单一数据源的工艺设计和现场可视化指导等。

(2)装备智能化:通过先进制造、信息处理、人工智能等技术的集成和融合,形成具有感知、分析、推理、决策、执行、自主学习、自适应及维护等功能的智能生产系统以及网络化、协同化的生产设施,实现船舶建造各阶段的生产装备及生产线、辅助生产装备的数字化升级,支撑生产过程的智能化。

(3)生产方式智能化:适于个性化定制、小批量生产、服务型制造以及云制造等新业态、新模式,引导船厂重组客户、供应商、销售商以及企业内部组织的关系,重构企业的供应链管理体系,优化生产体系中信息流、产品流、资金流的运行模式,重建新的造船产业价值链和生态系统。

(4)管理智能化:随着船厂高信息集成度和一体化的平台构建及新一代信息通信技术的融合应用,企业纵向集成、横向集成和端到端集成不断深入,数据的及时性、完整性、准确性不断提高,使管理更加准确、更加高效、更加科学。

(5)服务智能化:智能服务是智能制造的重要内容,人们逐渐意识到了从生产型制造向生产服务型制造转型的重要性。个性化的研发设计、远程运维服务等逐渐纳入船厂产品服务的范畴,推动船厂产品服务优化升级。

2.3.4.2　智能船厂的基本框架体系

船舶智能制造是新一代信息通信技术(云计算、大数据、物联网、人工智能、区块链等)与现代造船模式的深度融合,是在现代造船模式下的一场技术革新,并不是对现代船厂的推倒重来,因此,智能船厂基本框架体系的构建应在现代船厂基本框架体系基础上,以及现代造船模式和智能船厂内涵的指导下,体现智能船厂的特征和智能制造的要求。智能船厂的基本框架体系如图2-8所示。

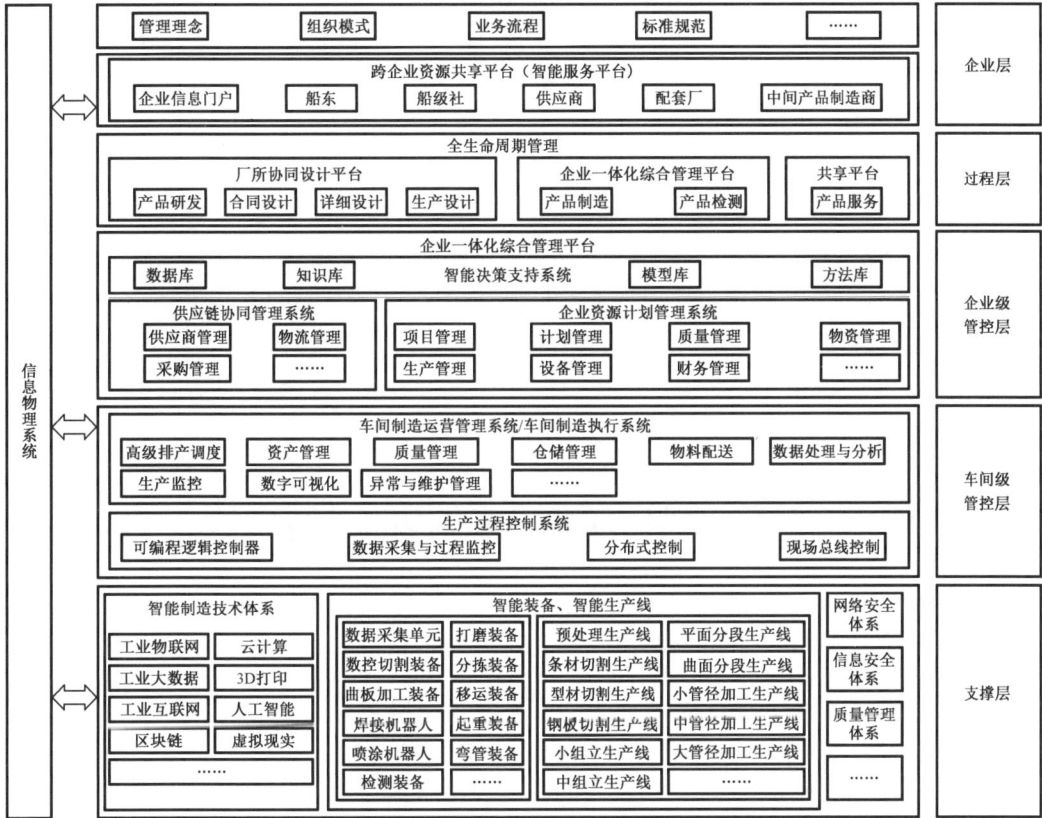

图2-8 智能船厂的基本框架体系

智能船厂基本框架体系设为5个层级,整个船厂在信息物理系统的支撑下构建:

(1)在支撑层,基于船舶建造的技术体系,融入新一代信息通信技术,形成船舶智能制造技术体系,为整个智能船厂的建立提供技术支撑;强化船舶智能生产单元和装备的研发力度,实现关键工序、工位的数字化、智能化生产,推进各工艺流程的生产线智能化转型,弥补空白生产装备和生产线,并实现车间设备设施的互联互通,为智能车间的建设提供设备设施基础;结合船舶建造技术的变革和生产模式的转变,重新构建企业的网络安全体系、信息安全体系、质量管理体系等,保障智能船厂的运营生产。

(2)在车间级管控层,重塑车间生产管理系统,构建车间制造运营管理(MOM)系统或车间MES,弥补现代船厂车间管理系统缺失的高级排产调度、生产过程数据处理与分析、生产监控、数字可视化等功能,以及构建生产过程控制系统,为车间MOM系统或MES提供生产线的数据采集与过程监控等支撑,使车间管控系统成为虚拟船厂与实体船厂有效融合的纽带。

(3)在企业级管控层,在原有ERP系统的基础上,结合智能船厂业务的发展需求,融入供应链管理系统和智能决策支持系统,明确系统接口要求,打破船厂各系统间的信息孤岛,重构企业一体化综合管理平台,并与厂所一体化管控平台和企业间资源共享平台实现互联互通,支撑整个智能船厂设计、生产、管理的一体化,以及智能船厂的内外协同。

(4)在过程层,扩大现代船厂的业务范围,设计方面增设产品研发业务环节,企业协同方面增设产品服务业务环节,并构建厂所协同设计平台、一体化综合管理平台和企业间资源共享平台,以及平台基础数据库,实现虚拟工厂的构建、智能管理和决策的实施,以及两个平台的互联互通,推进船舶全生命周期的管控。

(5)在企业层,优化企业管理理念、组织模式,以及企业的业务流程和标准规范,并将企业信息门户扩展为跨企业资源共享平台,与船东、船级社、上下游企业等开展协同作业和服务,实现资源共享,形成良性的生产系统,共同促进船舶行业发展。

整个基本框架体系构建思路以实体船厂为基础,运用感知技术和信息通信技术,采集现场数据,通过协同管理平台对虚拟化的资源进行整合,为决策者提供大数据分析下的智能决策支持。通过虚拟工厂对生产过程的仿真验证和知识的智能管理系统作用于实体船厂,实现造船企业设计、生产、管理、服务业务智能化。

2.4 船舶智能制造系统功能及特点

2.4.1 船舶智能制造系统层级模型

在智能制造系统的发展过程中,通常是在智能装备层面上的单个技术点首先实现智能化突破,然后出现面向智能装备的组线技术,并逐渐形成高度自动化与柔性化的智能生产线。在此基础上,当面向多条生产线的车间中央管控、智能调度等技术成熟之后,才可形成智能车间。由此可见,智能制造系统的发展是由低层级向高层级逐步演进的。

根据智能制造系统发展规律,对应国家智能制造系统层级,结合船舶建造的流程和特点,基于信息物理系统,从智能装备、智能生产线、智能车间、企业、协同5个层级构建船舶智能制造系统层级模型,具体如图2-9所示。

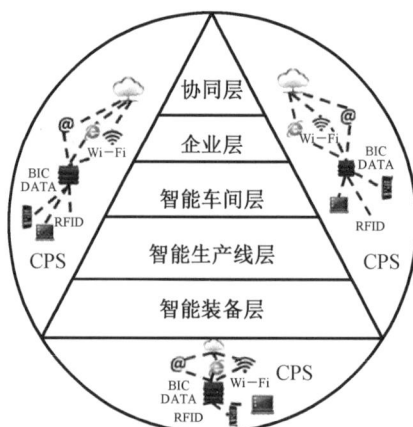

图2-9 船舶智能制造系统层级模型

2.4.2　船舶智能制造系统功能及特点

依据智能制造系统层级模型,对应智能船厂基本框架体系,智能装备层和智能生产线层映射支撑层,智能车间层映射车间级管控层,企业层映射企业级管控层,协同层映射企业层。

(1)智能装备层的功能及特点

作为基于智能船厂的建造流程和基本框架体系的支撑层,船舶智能装备层主要从事生产线外的作业和辅助作业,其功能要求如下:

①前行部分:进行船体零件的加工成型、打磨和分拣;车间内外部的物流和起重;分段的喷涂作业;总组阶段的装焊和喷涂等。

②后行部分:进行合龙阶段的装焊和喷涂作业;总段合龙精度控制;总段合龙的移运和起重;船上关键设备的安装等。

船舶智能装备具有对其船舶生产过程进行智能辅助决策、自动感知、智能监测、智能调节和智能维护等特点,包括智能基础元器件和智能数控系统。智能制造设备嵌入了各种类型的传感器,如直线光栅尺、旋转光栅尺、温度热电偶、振动/力传感器、声发射传感器等,这些传感器能够实时采集加工过程中的振动、温度、切削力等制造数据,并将这些感知和识别的数据传送至数控系统;数控系统接收智能传感器采集到的数据,通过对数据的分析实时控制与调整设备的运行参数,使设备在加工过程中始终处于最佳的效能状态,实现设备的自适应加工。同时,通过传感器对设备运行数据进行采集与分析,还可以实现设备健康状态监控与故障预警。

(2)智能生产线层的功能及特点

船舶智能生产线层主要从事船舶建造主流程中可成线连续生产的作业,主要集中在船体建造和管子加工方面,其功能要求为能够进行船体钢板的预处理、切割;组立的智能生产;平直/曲面分段的生产;不同管径的加工等。

智能生产线是在专业化与自动化生产线的基础上,将大量的智能设备、智能元器件集成应用于产品加工各关键环节,具有自动感知、数据采集与分析、智能监测、数据可视化、质量检测、优化生产作业计划、自主决策等特点。

(3)智能车间层的功能及特点

船舶智能车间层是船舶建造的主要执行场地,主要分为船体车间、管加工车间、涂装车间、总组区域、船台/船坞区域等,其总体功能要求是能够实现以中间产品为导向、按区域组织壳舾涂一体化的均衡连续总装造船。

智能车间包含各种不同种类的智能设备、各种不同形态的生产线,以及整个车间的生产管控。船舶智能车间具有生产设备网络化、生产数据可视化、生产文档无纸化、生产过程透明化、生产现场少人化的特点。

①生产设备网络化

在船舶智能车间,将所有的设备及工位统一联网管理,使设备与设备之间、设备与计算机之间能够联网通信,设备与工位人员紧密关联。如数控编程人员可以在自己的计算机上进行编程,将加工程序上传至分布式控制(DNC)服务器,设备操作人员可以在生产现场通过设备控制器下载所需要的程序,待加工任务完成后,再通过DNC网络将数控程序回传至服务器中,由程序管理员或工艺人员进行比较或归档,使整个生产过程实现网络化、追溯化管理。

②生产数据可视化

在船舶智能车间,每隔几秒就需收集一次数据,利用这些数据可以进行很多形式的分析,包括设备开机率、主轴运转率、主轴负载率、运行率、故障率、生产率、设备综合利用率、零部件合格率等。在生产工艺改进方面,利用生产过程中监控和收集到的大数据,就能了解每个环节的制造执行情况,可以分析整个生产流程,一旦有某个流程偏离了标准工艺,就会产生一个报警信号,能更快速地发现错误或者瓶颈所在,也就能更容易解决问题。

利用大数据技术,船厂还可以对船舶建造过程建立虚拟模型,仿真并优化生产流程,当所有流程和绩效数据都能在系统中重建时,这种透明度将有助于船厂改进其生产流程。再如,在能耗分析方面,智能装备在生产过程中可利用自身的传感器集中监控所有的生产流程,从中发现能耗的异常或峰值情形,通过对异常或峰值情形进行数据分析,制定系统解决方案,进而在生产过程中优化能源消耗。

③生产文档无纸化

目前,在船厂中会产生繁多的纸质文件,如工艺过程卡片、零件蓝图、三维数模、清单、质量文件、数控程序等,这些纸质文件大多分散管理,不便于快速查找、集中共享和实时追踪,而且易产生大量的纸张浪费、易丢失。

生产文档进行无纸化管理后,船厂工人在生产现场即可快速查询、浏览、下载所需要的生产信息,生产过程中产生的资料能够即时进行归档保存,可以大幅降低纸质文档的人工传递及流转,减少甚至杜绝文件、数据丢失,从而进一步提高生产准备效率和生产作业效率,实现绿色、无纸化生产。

④生产过程透明化

船舶智能车间建立基于车间级智能生产装备与生产线的MES或MOM系统,促进了船厂制造工艺的仿真优化、数字化控制、状态信息实时监测和自适应控制,实现了整个过程的智能管控,提高了精准制造、敏捷制造、透明制造的能力,进而助推生产效率和产品效能的提升。

⑤生产现场少人化

在船舶生产现场,数控加工中心、中小组立智能装焊流水线、分段智能装焊流水线,以及其他柔性化、智能化生产车间或生产线进行自动化排产调度,工件、物料、机器人进行自动化装卸调度,工作人员远程查看管理区域内的生产情况,决定哪些生产任务优先和暂缓。生产中遇到的问题一经解决,可立即恢复自动化生产,整个生产过程不需过多人工参与,实现了"少人"化智能生产。

(4)企业层的功能及特点

船舶企业层主要构建船舶研发、设计、制造、测试、服务全过程的集成管理平台,实现整个企业纵向集成、横向集成和端到端的深度集成,提升企业自主决策能力和管理的数字化、智能化水平。

（5）协同层的功能及特点

船舶协同层主要实现基于跨企业资源共享集成平台的资源整合和信息共享，其功能是利用工业互联网实现船厂、船东、船级社、设计院所、供应商、配套商、中间产品制造商等多方之间的信息交互、密切协作、远程服务等。

船舶协同层作为全新的企业间协作模式，其涉及制造企业中组织模式、体系结构、管理流程、运作方式、协同方式、质量控制、安全策略等的全方位转变，其目的是满足企业间跨地域、跨行业的协同。协同层成员企业具有独特性、分散性、动态性等特点，而协同层的运作具有灵活性、动态性等特点。因此，协同层的运作可实施供应链式、插入兼容式，以及虚拟合作式、合资经营式、转包加工式等多种模式。

2.5　船舶智能制造标准

2.5.1　国内外智能制造标准化现状

2.5.1.1　国外智能制造标准化现状

（1）美国

2016 年 2 月，美国国家标准与技术研究院（NIST）发布了《智能制造系统标准化愿景》，提出美国智能制造体系架构，从产品、生产系统和商业（业务）三个维度对美国的智能制造系统进行了分析，并引入制造金字塔的概念。

NIST 提出智能制造标准制定的优先领域：智能制造系统的参考模型架构、物联网对于制造的参考模型架构、制造服务模型、机-机通信、产品生命周期管理/制造执行系统/企业资源计划系统/供应链管理系统/客户关系管理系统集成、云制造、制造可持续性、制造信息安全等。美国智能制造体系架构如图 2-10 所示。

自《智能制造系统标准化愿景》发布以来，美国标准化研究机构开展了相关标准制定工作，如《表面粗糙度标注》（ASME Y14.36）、《工业过程测量控制和自动化 数字工厂框架》（IEC 62832）、《工业自动化系统和集成 生产系统工程研制标准化程序》（ISO 18828）等。这些标准不仅为智能制造提供技术依据，更重要的是用于确定技术制式、技术构架、技术性能和技术水平，以引领智能制造的发展。

（2）德国

2013 年 9 月，德国发布了《德国"工业 4.0"标准化路线图》（1.0 版），明确了参考架构模型、用例、基础、非功能属性、技术系统和流程的参考模型、仪器和控制功能的参考模型、技术和组织流程的参考模型、人类在"工业 4.0"中的功能和角色的参考模型、开发流程和指标、工程、标准库、技术和解决方案等 12 个标准化重点方向，并提出了具体标准化建议。

2015 年 4 月，德国发布了《德国"工业 4.0"标准化路线图》（2.0 版），其中"工业 4.0"标准化路线图的重点领域因智能制造重点技术的攻关而由原来的 12 个调整为 10 个,路线图的可操作性增强了。

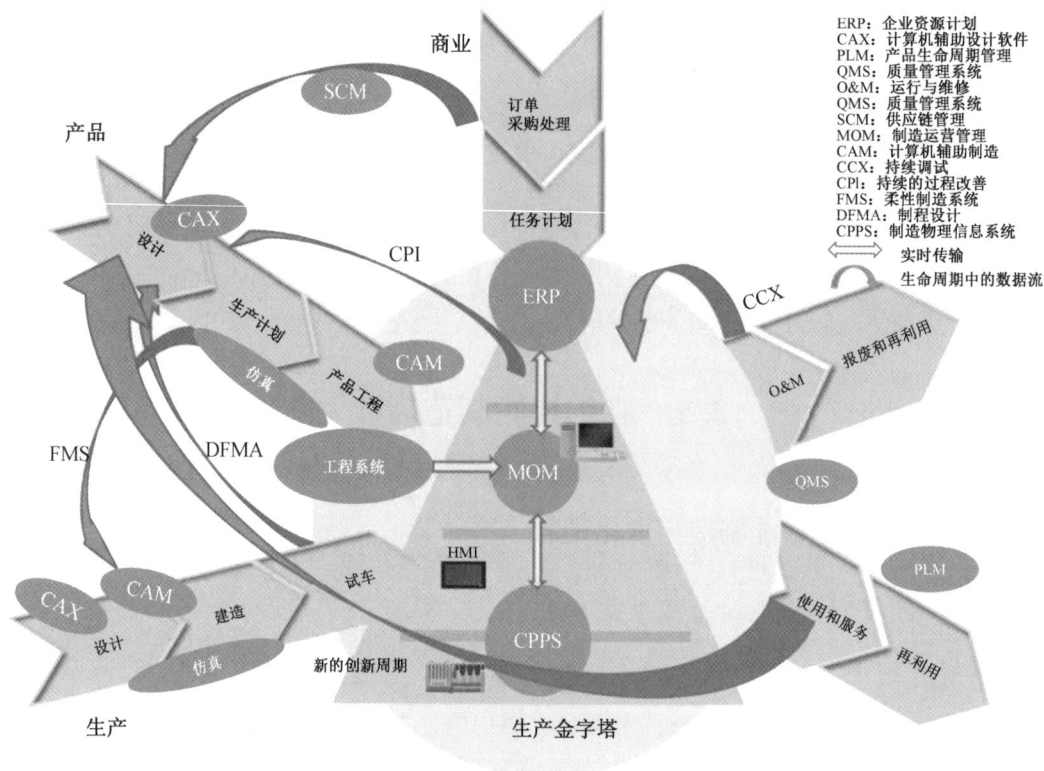

图 2-10　美国智能制造体系架构

2018 年 4 月,德国"工业 4.0"标准化委员会(SCI 4.0)、德国标准化协会(DIN)与德国电气电子和信息技术工作委员会(VDE|DKE)在汉诺威工业博览会上共同发布了《德国"工业 4.0"标准化路线图》(3.0 版),该版本对"工业 4.0"的主题与标准化需求进行了更新和调整,继承了原有的标准化术语、参考模型、非功能属性与案例等方向,同时新增加了体系架构和数据模型、"工业 4.0"组件的生命周期记录、生产系统的生命周期、通信技术等方向。德国智能制造体系架构如图 2-11 所示。

德国在发布《德国"工业 4.0"标准化路线图》后,初步建立了一些顶层标准,如《工业过程测量控制和自动化系统及产品的生命周期管理》(IEC 62890)、《企业控制系统集成》(IEC 62264)、《批量控制》(IEC 61512)等,目的是确保在现有顶层标准的基础上制定新标准,确保各类标准与"工业 4.0"有效衔接,加强标准之间的关联性。

(3)国际标准化组织

国际标准化组织在通信技术、接口协议、系统集成、机器人、过程控制、人机交互等关键领域均制定了一批国际标准,具体如表 2-1 所示。

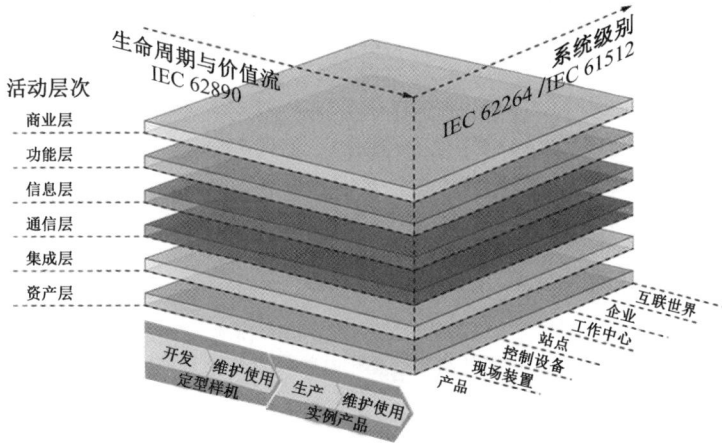

图 2-11　德国智能制造体系架构

表 2-1　智能制造相关国际标准

序号	组织/机构	内容
1	国际标准化组织 （ISO）	涉及基础共性、信息技术、系统集成、机器人等标准,如: ISO/IEC JTCI 信息技术(基础共性) ISO/TC 261 增材制造技术(增材制造) ISO/TC 10 技术产品文件(智能工厂) ISO/TC 184 自动化系统与集成(智能工厂) ISO/TC 299 机器人(机器人) ISO/TC 130 图形技术(信息技术) ISO/TC 204 智能运输系统(智能工厂) ISO/TC 108 音频/视频、信息技术和通信技术电子设备安全(基础共性)
2	国际电工委员会 （IEC）	涉及基础共性、通信技术、过程控制等标准,如: IEC/TC 56 可靠性(基础共性) IEC/TC 65 工业过程测量、控制和自动化(基础共性) IEC/TC 103 无线电通信传输设备(工业互联网) IEC/TC 108 音频/视频、信息技术和通信技术电子设备安全(基础共性)
3	国际电信联盟 （ITU）	涉及通信、协议、网络安全等标准,如: ITU-T: 　　SG 11 信令要求、协议和测试规范(基础共性) 　　SG 12 性能、服务质量(QoS)和体验质量(QoE)(基础共性) 　　SG 13 包括移动和下一代网络(NGN)在内的未来网络(工业互联网) 　　SG 16 多媒体编码、系统和应用(基础共性) 　　SG 17 安全(基础共性) ITU-R: 　　SG 1 频谱管理(工业互联网)

2.5.1.2 国内智能制造标准化现状

2022 年 1 月,工业和信息化部、国家标准化管理委员会联合发布了《国家智能制造标准体系建设指南(2021 版)》,并提出了智能制造系统架构。指南明确指出,截至 2021 年 11 月,我国已发布、制定中的智能制造相关通用标准共计 389 项,其中已发布标准 281 项、制定中标准 108 项,主要涉及信息技术与信息安全、工业过程测量与控制、工业自动化系统与集成、工业机器人、软件工程等领域,具体如表 2-2 所示。

表 2-2 我国智能制造基础共性标准和关键技术标准

序号	专业领域	已发布标准	制定中标准	待立项标准	合计
1	通用	41	7	2	50
2	安全	27	12	6	45
3	可靠性	5	2	—	7
4	检测	8	1	—	9
5	评价	7	5	2	14
6	人员能力	—	—	2	2
7	智能装备	52	15	13	80
8	智能工厂	57	31	3	91
9	智慧供应链	—	—	9	9
10	智能服务	12	12	2	26
11	智能赋能技术	24	17	13	54
12	工业网络	48	6	1	55
	合计	281	108	53	442

同时《国家智能制造标准体系建设指南(2021 版)》中明确指出,2023 年,制修订 100 项以上国家标准、行业标准,不断完善先进适用的智能制造标准体系。加快制定人机协作系统、工艺装备、检验检测装备等智能装备标准,智能工厂设计、集成优化等智能工厂标准,供应链协同、供应链评估等智慧供应链标准,网络协同制造等智能服务标准,数字孪生、人工智能应用等智能赋能技术标准,工业网络融合等工业网络标准,支撑智能制造发展迈上新台阶。

到 2025 年,在数字孪生、数据字典、人机协作、智慧供应链、系统可靠性、网络安全与功能安全等方面形成较为完善的标准簇,逐步构建起适应技术创新趋势、满足产业发展需求、对标国际先进水平的智能制造标准体系。

智能制造标准体系结构如图 2-12 所示。

自国家智能制造标准体系框架发布以来,我国建设了一批智能制造示范企业,编制了一定数量的智能制造国家标准。

| C 行业应用 | 船舶与海洋工程装备 | 建材 | 石化 | 纺织 | 钢铁 | 轨道交通 | 航空航天 | 汽车 | 有色金属 | 电子信息 | 电力装备 | 其他 |

B 关键技术

BE 智能赋能技术：人工智能、工业大数据、工业软件、工业云、边缘计算、数字孪生、区块链

BD 智能服务：大规模个性化定制、运维服务、网络协同制造

BC 智能供应链：供应链建设、供应链管理、供应链评估

BB 智能工厂：智能工厂设计、智能工厂交付、智能设计、智能生产、智能管理、工厂智能物流、业务集成优化

BA 智能装备：传感器与仪器仪表、自动识别设备、控制系统、增材制造装备、检验检测装备、人机协作系统、数控机床、工业机器人、工艺装备、其他

BF 智能赋能技术：工业无线网络、工业有线网络、工业网络融合、工业网络资源管理

A 基础共性：通用、安全、可靠性、检测、评价、人员能力

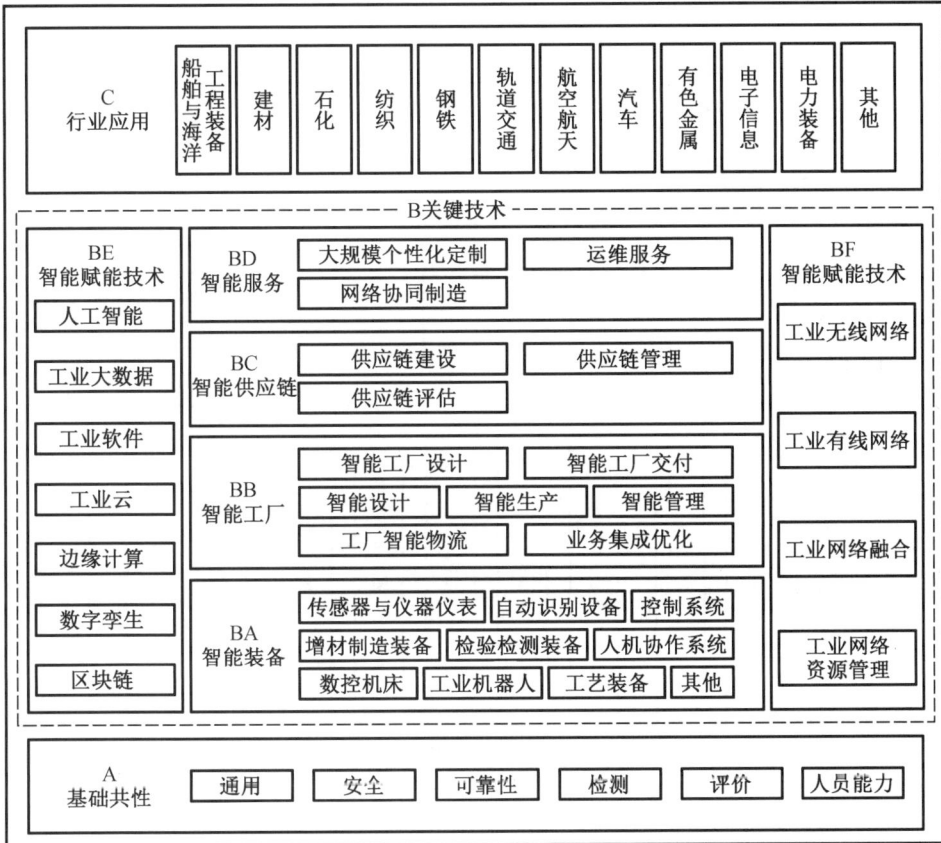

图 2-12　智能制造标准体系结构图（2021 版）

2.5.2　国家船舶工业标准体系

目前，我国船舶工业标准体系的制定在考虑到我国实际国情的情况下，参照了国际标准（ISO）和美国标准（ANSI）、日本工业标准（JIS）、法国标准（NF）、欧洲标准（EN）、美国材料与试验协会标准（ASTM）等国外先进标准。我国船舶工业对口的现行 ISO、IEC 国际标准已被我国不同程度地转化，基本实现了对国际船舶工业标准最新版本的跟踪等同采用，较大程度上提高了我国船舶工业标准的技术水平和国际化程度。

2002—2003 年，我国基本制定完成了船舶工业标准体系框架。我国现行有效的船舶工业标准覆盖船舶通用基础、船舶总体、船体结构、船舶舾装、船舶管系及附件、船舶主辅机及附件、船舶轴系及推进装置、船舶电气系统及设备、船舶导航与通信系统及设备、信息技术应用、船用材料、造船工艺、船舶修理、管理等多个领域，基本满足了我国常规船舶设计、建造、维修和管理的需要。

为了适应国际船舶工业标准与规范的发展趋势，由中国造船工程学会牵头，中国船舶工业综合技术经济研究院、中国船舶重工集团公司标准化研究中心、中国船级社、中远技术中心等单位研究形成了全新的船舶工业标准体系——《船舶工业标准体系（2012 年版）》，该标准体系架构如图 2-13 所示。

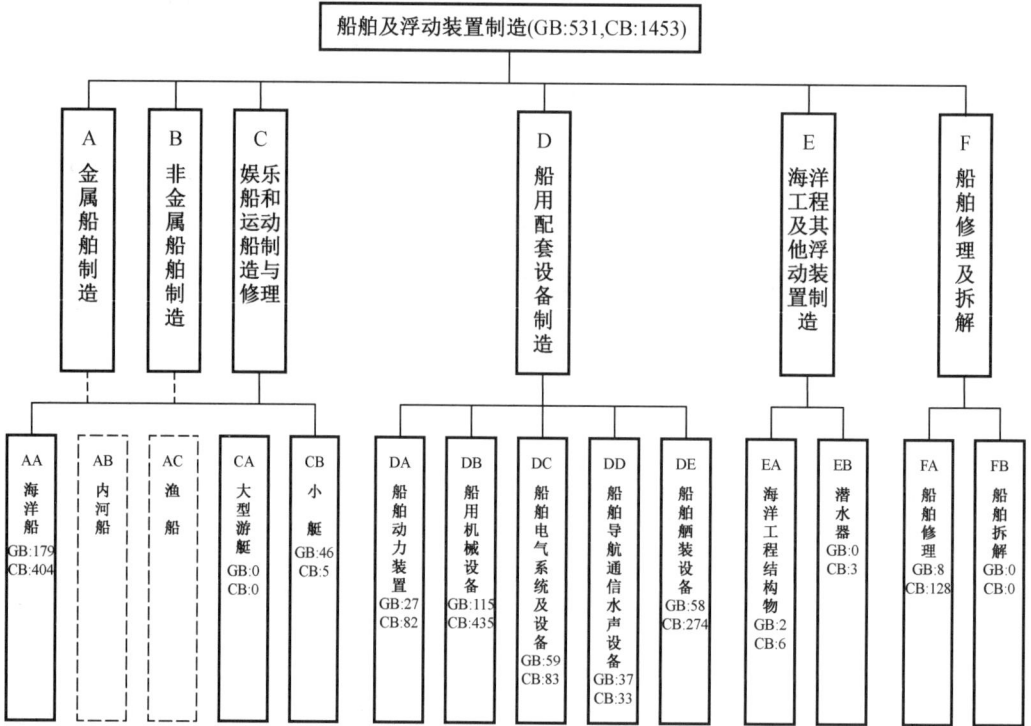

图 2-13　船舶工业标准体系架构

其中海洋船的标准体系架构如图 2-14 所示。

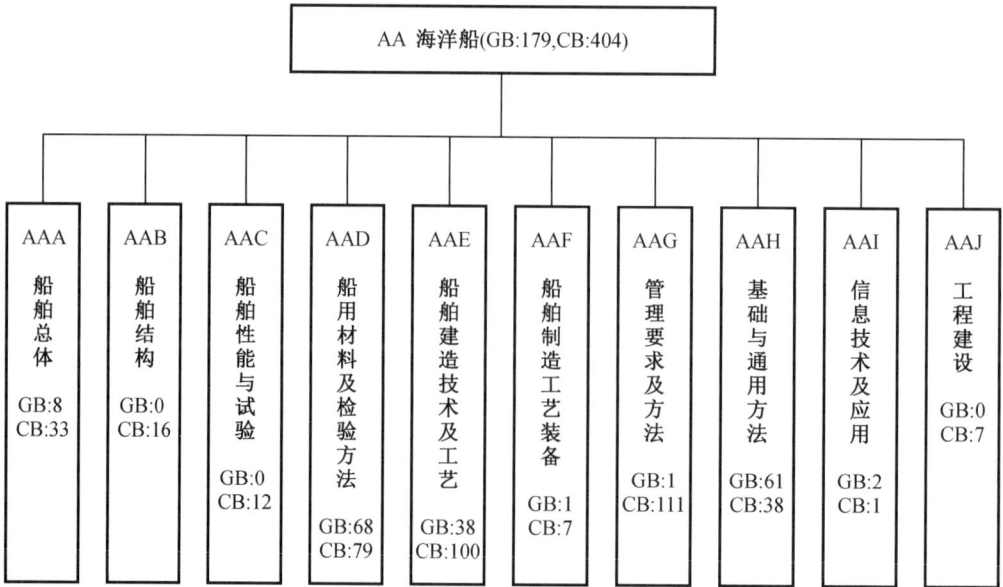

图 2-14　海洋船的标准体系架构

对比海洋船的标准体系架构和国家智能制造标准体系架构发现,两者都具有基础通用、工艺装备、建造技术、信息技术等方面的标准。但由于新一代信息通信技术的应用,对

原有的标准体系和标准内容均有较大的影响,且船舶智能制造专用标准较少,因此急需开展船舶智能制造标准体系构建及关键标准研究工作。

2.5.3 船舶智能制造标准需求分析

基于国家智能制造标准体系建设要求与船舶工业标准体系建设的现状,2018 年国家印发了《推进船舶总装建造智能化转型行动计划(2019—2021 年)》,提出了形成一批智能制造标准和平台的要求,并要求对接国家智能制造标准体系,针对船舶工业特点,构建船舶智能制造标准体系。按照急用先行原则,着重围绕船舶智能车间,从总体规划、智能设计、智能工艺、智能装备、智能管理和互联互通等六个方面构建智能制造标准。

具体标准建设需求如下:

(1)船舶智能制造基础共性标准:包括术语、符号、编码、标识、模型、元数据与数据字典等标准,信息安全、数据安全、网络安全、系统安全、功能安全等标准,检测要求、检测设备、指标体系、评价方法等标准。

(2)船舶产品协同设计标准:包括设计出图、数据生成、几何信息和属性信息、模型命名、编码原则等标准,厂所协同、数据协同等标准,模型定义、模型简化及处理、模型分类及输出等标准。

(3)船舶智能化工艺设计标准:包括数字化工艺设计完整性及三维建模要求,三维模型设计数据交换标准及数据接口标准,船体构件智能化加工、装配及焊接工艺设计要求,面向智能制造的产品数据管理要求,建造过程工艺仿真要求,面向现场作业的三维作业指导书编制要求等。

(4)船舶智能工艺标准:包括智能工艺检测标准,工艺知识建模、工艺知识数据库设计、工艺决策评价、工艺信息集成等工艺规范,型材加工、曲板冷热加工、对接缝焊接、平直构件焊接、船体分段焊接、管子制作、智能涂装、涂层智能检测等典型作业环节工艺规范。

(5)智能装备标准:包括等离子切割机、型材智能切割装备、曲板数控成型装备等切割加工装备,CO_2 半自动焊机、组立智能焊接装备等焊接装备的识别与传感标准、数据接口标准、控制系统标准。

(6)智能管理标准:包括船体分段智能车间设计工艺仿真与信息集成应用、中间产品制造精度管控、作业计划编制、仓储物资分类与编码、信息采集与管控、质量管控、车间 MES 与 ERP/PDM 集成等标准。

(7)互联互通标准:包括智能车间信息感知通用要求、组网要求、数据传输要求、数据存储要求以及大数据应用准则等。

(8)船舶智能车间总体规划标准:包括船舶智能车间总体技术要求、车间工艺布局要求,以及预处理流水线、型材智能切割生产线、小组立智能生产线、中组立智能生产线、平面分段智能生产线等智能生产线技术要求。

为贯彻落实行动计划,做到标准先行,对接国家智能制造标准体系,我国发布了《船舶总装建造智能化标准体系建设指南(2020 版)》,提出了船舶行业的标准体系架构,全面地论证和提出了船舶行业在智能制造方面的标准需求和实施方法。船舶总装建造智能化标准体系框架如图 2-15 所示。

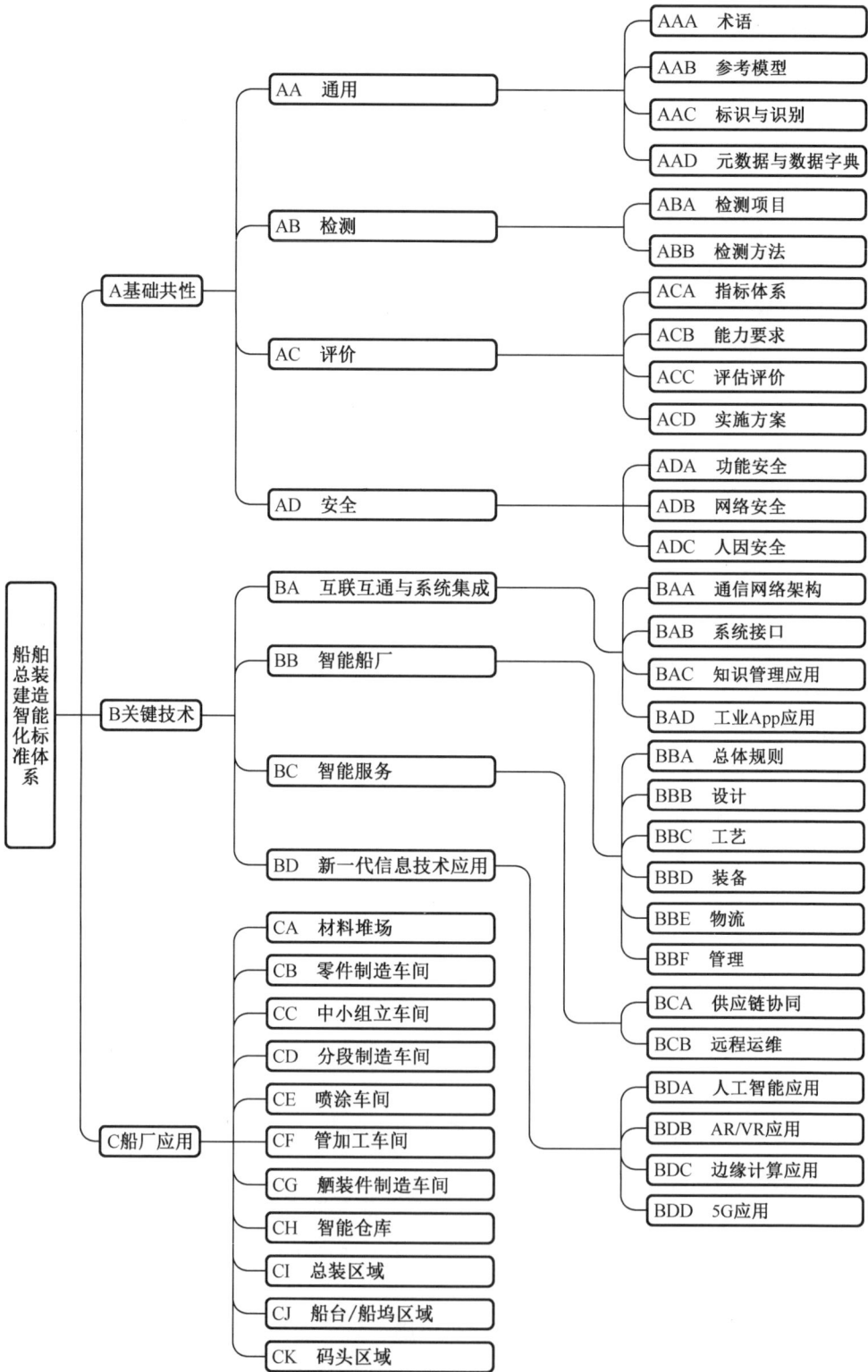

图 2-15　船舶总装建造智能化标准体系框架

2.6　本　章　小　结

　　智能船厂在"空间分道、时间有序"的现代造船模式的基础上朝着高度机械化、自动化、集成化、模块化和智能化方向发展。本章提出了智能船厂的基本框架体系、船舶智能制造系统功能及特点以及船舶智能制造标准，为造船企业深刻理解智能船厂内涵、准确把握智能船厂的基本框架和智能制造系统的结构提供了参考。

第3章　船舶智能制造模式体系架构

3.1　概　　述

本章提出船舶智能制造模式定义及内涵,并通过分析船舶智能制造模式的核心要素,分别从船舶智能制造设计、生产、管理、服务等方面提出了船舶智能制造模式的体系架构,为我国船舶行业智能制造发展提供指引。

3.2　船舶智能制造模式定义及内涵

船舶智能制造模式是基于新一代信息通信技术(云计算、大数据、物联网、人工智能、区块链等)与现代造船模式的深度融合,贯穿于船舶设计、生产、管理、服务等制造活动全过程,以基于单一数据源的设计生产管理一体化为基础,以船舶中间产品壳舾涂一体化关键制造环节的数字化、智能化为核心,以网络互联互通为支撑,以智能车间、智慧船厂为载体,具有船舶制造过程自感知、自决策、自执行、自适应特征的先进制造模式。其基本内涵为:

(1)以模型定义的三维综合数字化设计为前提,以数字化、智能化生产线为基础,应用新一代信息技术,使造船工艺流程、物流、信息流一体化,实现无缺陷、准时化生产。

(2)应用智能制造技术,使智能机器和人一体化,实现决策、规划、设计、调度、监测、生产、管理等人机高效互动,通过工况在线感知(看)、智能决策与控制(想)、装备自律执行(做)等闭环过程,不断提高完善装备性能、提升自适应能力,实现健康、安全、环保、人性的智能化总装建造。

船舶智能制造模式主要由设计模式、生产模式、管理模式和服务模式构成。

(1)设计模式

以基于模型设计(MBD)技术的船舶产品设计、工艺设计标准规范体系为基础,以厂所协同设计的一体化综合数字设计平台为支撑,推进设计、制造、管理一体化全三维综合数字设计,打通总装厂与船东、设计院所、船检、供应商的信息链条,实现以单一数据源贯穿于产品全生命周期的全过程的、面向现场智能制造的三维可视化作业指导和无纸化施工。

(2)生产模式

以数据和模型驱动为主要特征,以具备动态感知、数据自动采集、智能分析等功能的数字化、智能化生产装备,生产线,生产车间为主要载体,以车间制造执行系统为重要支撑,实现壳舾涂一体化精度制造,形成高效柔性的虚拟造船流水线。

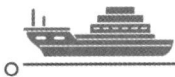

（3）管理模式

以现代造船工程计划为导向，以基于信息集成的一体化综合信息管理平台为支撑，以物联网、互联网和大数据等使能技术为手段，对船舶制造全过程、全要素实施实时智能管控，实现"物流、信息流、价值流"合一的量化精益管理。

（4）服务模式

以优化完善造船产业链为导向，以造船产业链协同服务平台为支撑，以分布式技术、互联网技术、云存储技术、AR/VR 技术、AI 技术等为手段，对造船供应链管理、远程运维等业务进行优化完善，实现船东、设计院所、总装厂、船检、供应商等整个造船产业链的多方协同服务。

3.3 船舶智能制造模式核心要素

3.3.1 基本要素条件

依据《2018 年智能制造试点示范项目要素条件》中的要求，船舶智能制造模式作为离散型智能制造模式，其基本要素条件如下：

（1）车间/工厂的总体设计、工艺流程及布局均已建立数字化模型，并进行模拟仿真，实现规划、生产、运营全流程数字化管理。

（2）应用数字化三维设计与工艺技术进行产品、工艺设计与仿真，并通过物理检测与试验进行验证与优化。建立产品数据管理系统，实现产品设计、工艺数据的集成管理。

（3）制造装备数控化率超过 70%，并实现高档数控机床与工业机器人、智能传感与控制装备、智能监测与装配装备、智能物流与仓储装备等关键技术装备之间的信息互联互通与集成。

（4）建立生产过程数据采集和分析系统，实现生产进度、现场操作、质量检验、设备状态、物料传送等生产现场数据自动上传，并实现可视化管理。

（5）建立车间制造执行系统，实现计划、调度、质量、设备、生产、能效等管理功能。建立企业资源计划系统，实现供应链、物流、成本等企业经营管理功能。

（6）建立工厂内部通信网络架构，实现设计、工艺、制造、检验、物流等制造过程各环节之间，以及制造过程与制造执行系统和企业资源计划系统的信息互联互通。

（7）建立工业信息安全管理制度和技术防护体系，具备网络防护、应急响应等信息安全保障能力。建立功能安全保护系统，采用全生命周期方法有效避免系统失效。

3.3.2 设计模式要素

3.3.2.1 基于模型定义的数字化设计体系

建立面向船舶产品全生命周期协同研制的数字化设计体系，构建统一的产品设计和工艺设计标准，推进基于模型定义方法，快速精准推进"两个一体化"（设计生产管理一体化、壳舾涂一体化）的关联设计，实施面向现场作业的三维工艺可视化仿真和作业指导，提高船舶数字化设计与制造的综合技术能力。

3.3.2.2　基于三维模型的详细设计与审图

以面向送审的三维详细设计模型特征和面向送审的三维详细设计方法为基础,生成面向送审的三维详细设计模型;同时以计算机辅助设计/计算机辅助工程(CAD/CAE)模型数据一致性和模型生产技术为支撑,将三维详细设计模型转换成面向送审的 CAE 分析模型,并从三维模型送审需求、送审数据格式及软件接口要求等方面制定三维模型送审的数据格式标准,通过三维设计软件与三维审图软件之间的数据接口,实现验证船舶三维模型的送退审。

3.3.2.3　厂所协同一体化综合数字设计

构建厂所协同的一体化综合数字设计平台,支撑合同设计、详细设计与生产设计的并行设计,促进基于模型的设计/工艺/制造协同,提高设计效率和质量。

推进基于单一数据源、全要素的设计、送审、建造、检验、管理等数字化综合设计,打通船舶全生命周期数据链,推动完工产品数字化交付。

基于模型定义方法推进完整三维建模和工艺性建模,对工艺过程和精度控制实施虚拟仿真、评估与优化,形成包含设计信息、图纸审查信息、工艺信息、管理信息等要素的一体化三维数字模型、数据包、三维可视化作业指导书。

3.3.2.4　基于三维模型的详细设计与生产设计集成

传统设计模式下,船舶详细设计与生产设计之间存在重复建模和信息传递不通畅等问题,在船舶结构设计中,按照分段划分方案进行拆分重用信息,同时针对传统设计模式下详细设计与生产设计之间存在重复建模的问题,开展基于二维驱动三维的管系和电气详细设计标准化体系、船舶管系和电气专业原理图驱动的三维模型生成技术验证等,实现基于统一模型的船舶详细设计与生产设计集成,达到提高生产设计效率、提升设计质量的目的。

3.3.2.5　船舶产品数据管理信息化

突破面向智能制造的船舶产品数据组织、船舶生产设计系统数据集成、精细化工时物量管理、设计工艺信息管理、设计及物资编码映射、工时物量与任务包/工作指令(WP/WO)的关联等关键技术,支持设计包、采购包、任务包等中间产品数据信息之间的相互关联,形成面向智能制造应用的船舶产品数据管理系统。

3.3.2.6　面向现场作业的三维工艺可视化

相较于传统的工艺设计和作业指导书发布规程,通过将三维工艺信息设计编辑、工艺信息组织管理、工艺信息发布有机结合起来,形成一个统一规划的可视化技术系统。该可视化技术系统可实现分段装配工艺的可视化设计和管理,通过数据接口获取的 MBD 工艺数据可以广泛发布于不同的数字化移动终端,具有管理简单、携带方便的优点,生成的三维作业指导书具有三维交互显示、结构化组织、作业辅助指导等功能。

3.3.3 生产模式要素

3.3.3.1 基于智能制造的生产单元和生产线的工艺流程优化与改进

以船舶制造的加工、配送、装配、焊接、打磨、涂装等关键工艺环节为重点,推进车间总体设计、工艺流程及布局的数字化建模。

以数字化模型为基础,分析优化适应智能制造需求的各工序、生产线、车间的工艺流程与端到端数据流,实现物流与信息流的有机统一;结合与生产工位功能相匹配的专用工装和自动化、智能化装备,构建人员、设备与信息相协调的生产工位。

运用大数据技术对生产过程中不断产生的海量数据进行分析挖掘,实现造船工艺流程的持续优化和改进,支撑数字化车间的建设。

3.3.3.2 工艺装备体系及关键技术

以船舶分段制造为重点,强化底层设备数字化、网络化改造,全面推进船舶中间产品流水线的数字化、智能化升级,逐步实现零件、小组立、中组立、平面分段、曲面分段、管子等各类中间产品数字化、智能化流水式批量生产。同时重点突破船体零件智能理料、船体零件自由边智能打磨、小组立智能焊接、中组立智能焊接、分段装焊、分段智能喷涂、管件智能加工等船舶智能制造短板装备与生产线。

3.3.4 管控模式要素

3.3.4.1 面向智能制造的造船工程计划管理

针对智能制造条件下造船工程计划管理体系的发展要求,依托物联网等新一代信息技术,制定智能制造条件下的船厂工程计划管理基本原则、体系要素、权限分级、体系框架,以及工程计划管理的数据实时传输、收集、信息反馈系统机制等,为船海企业面向智能制造的工程计划管理提供系统的指导与方法支撑。

3.3.4.2 基于物联网的全要素实时管控

针对船舶建造过程中的实时管控需求,以物联网为基础,通过二维码、RFID、传感器等技术的应用,实现人员、材料、设备、中间产品等数据的收集,并以"要素感知—智能决策—精准执行"开展船舶建造过程的全要素实时管控,使船舶生产管控更便捷、中间产品的质量和生产周期也更加稳定可靠。

3.3.4.3 基于智能制造的供应链管理

将物联网技术与造船企业的供应链管理相融合,搭建基于物联网技术的供应链管理架构,并以此为基础开发造船企业供应链管理系统,对船厂订单、采购、物流、仓储和售后等流程进行信息化管理,有效提高船厂供应链管理效率,提高船厂核心竞争力。

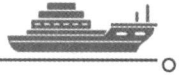

3.3.4.4　基于智能制造的车间生产管控

针对当前国内船海产业车间生产管控需求,完善车间现场的生产管控模式,将物联网技术与 MES 系统相结合,形成智能车间生产管理系统,并逐步形成由一个控制中心集成的智能管控平台,从整体上进行船舶建造车间的生产管控。

3.3.4.5　基于智能制造的能源管理

针对当前国内造船企业能源管理需求,提出基于智能制造的能源管理系统架构,以Web 界面或客户端应用软件的形式为管理人员提供可视化的能源在线管控,实现对能耗数据的远程采集分析,以及对能耗设备的实时监控,最终实现能源管理的不断优化。

3.3.4.6　基于物联网技术的环境安全监测

针对当前国内船海企业环境安全监测的需求,提出基于智能制造的环境安全监测系统架构,通过现场传感器和自组网的构建,实现船海企业环境及人员的智能监测及分析。

3.3.4.7　基于云计算和大数据的云制造平台

针对当前国内船海企业建造资源数据处理现状,提出船海企业大数据处理流程与架构,并据此提出造船企业云制造平台架构,为船海企业实现基于大数据和云计算的设计、生产、采购、物流、运维等提供支撑。

3.3.5　服务模式要素

推进船舶行业工业互联网建设,搭建造船产业链协同服务平台,加快客户关系管理、供应链管理、远程运维服务等系统的推广应用,逐步打通造船企业与船东、设计公司、船检部门、供应商间的信息链条,实现企业间无缝合作以及有效的信息集成与协同,推动船舶制造业向服务型制造转型。

3.3.6　智能制造基础建设要素

3.3.6.1　船舶智能制造标准体系

以《国家智能制造标准体系建设指南(2021 版)》为基础,针对船舶智能制造特点和标准需求,立足基础共性、关键技术、船厂应用三个层面,着重围绕总体规划、智能设计、智能工艺、智能装备与生产线、智能管理、智能服务、互联互通等方面推进智能制造标准体系建设,为船舶智能制造提供有力标准支撑。

3.3.6.2　船舶设计、制造、管理和服务等各类系统互联互通

利用云存储和云计算构建大数据垂直体系,加强企业网络与数据安全能力建设;全力推动船舶设计、制造、管理和服务等云服务平台建设,推动企业信息集成与产业链协同

运营。

加快工业互联网标识解析体系的创新应用，推进设计信息、工艺信息、工时物量信息、托盘集配、物流、资金流、能耗、设备等船舶制造过程中海量、多源、异构数据信息的实时采集与传输，提高综合管理效率。

3.4　船舶智能制造模式体系架构

体系架构主要分为设计模式、生产模式、管理模式、服务模式和智能制造基础等。

设计模式主要体现设计基础建设、数据管理和厂所协同设计三个方面；生产模式主要体现数字化、智能化的装备建设(点)，生产线建设(线)，车间生产管控(面)，企业生产管控(体)四个方面的构建；管理模式主要体现企业内一体化综合信息管理和基于大数据的智能决策；服务模式主要体现造船产业链中供应链和远程运维两个方面的协同服务；智能制造基础主要体现标准规范体系和互联互通两个方面。具体如图3-1所示。

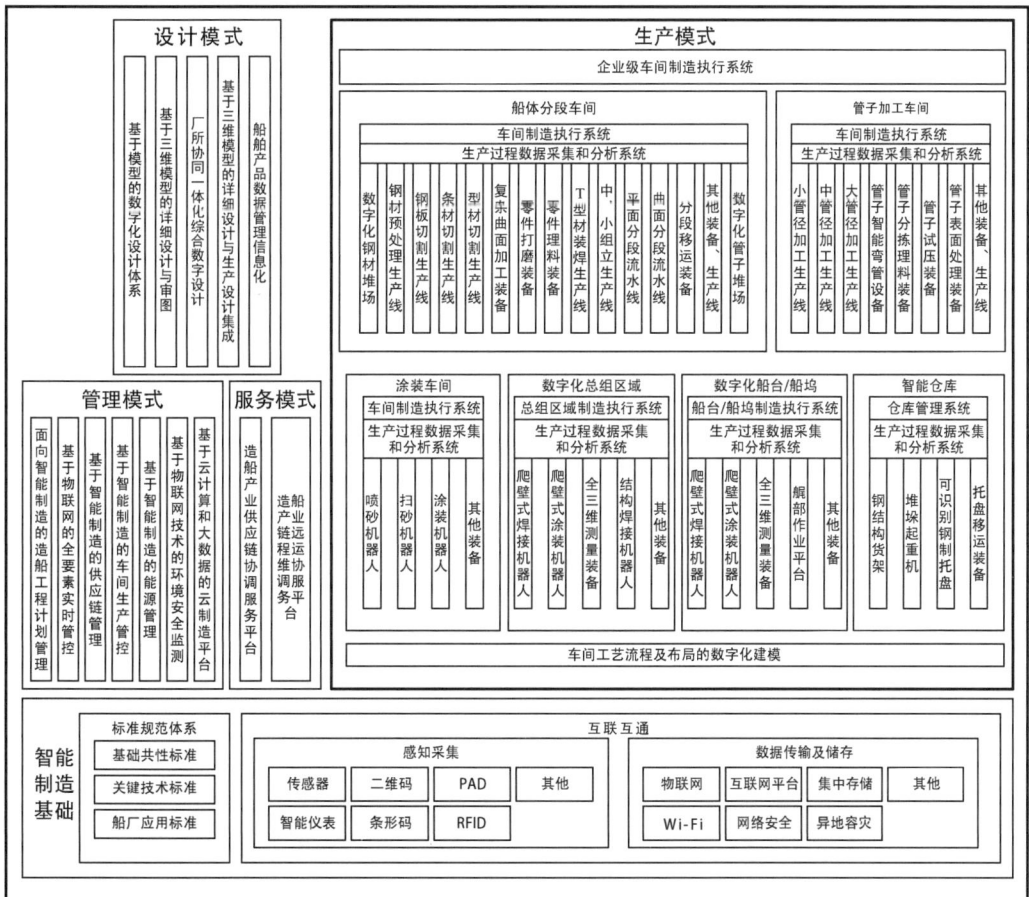

设计模式
- 基于模型的数字化设计体系
- 基于三维模型的详细设计与审图
- 厂所协同一体化综合数字设计
- 基于三维模型的详细设计与生产设计集成
- 船舶产品数据管理信息化

生产模式

企业级车间制造执行系统

船体分段车间
车间制造执行系统
生产过程数据采集和分析系统
- 数字化钢材堆场
- 钢材预处理生产线
- 钢板切割生产线
- 条材切割生产线
- 型材理料装备
- 复杂件面加工装备
- 零件打磨装备
- 零件理料装备
- T型材装焊生产线
- 中、小组立生产线
- 平面分段流水线
- 曲面分段流水线
- 分段移动装备
- 其他装备、生产线
- 数字化管子堆场

管子加工车间
车间制造执行系统
生产过程数据采集和分析系统
- 小管径加工生产线
- 中管径加工生产线
- 大管径加工生产线
- 管子智能弯管设备
- 管子分拣理料装备
- 管子试压装备
- 管子表面处理装备
- 其他装备、生产线

涂装车间
车间制造执行系统
生产过程数据采集和分析系统
- 喷砂机器人
- 扫砂机器人
- 涂装机器人
- 其他装备

数字化总组区域
总组区域制造执行系统
生产过程数据采集和分析系统
- 爬壁式焊接机器人
- 爬壁式涂装机器人
- 全三维测量装备
- 其他装备

数字化船台/船坞
船台/船坞制造执行系统
生产过程数据采集和分析系统
- 爬壁式焊接机器人
- 爬壁式涂装机器人
- 全三维测量装备
- 舾部作业平台
- 其他装备

智能仓库
仓库管理系统
生产过程数据采集和分析系统
- 钢结构货架
- 堆垛起重机
- 可识别钢制托盘
- 托盘移运装备

车间工艺流程及布局的数字化建模

管理模式
- 面向智能制造的造船工程计划管理
- 基于物联网的全要素实时管控
- 基于智能制造的供应链管理
- 基于智能制造的车间生产管控
- 基于智能制造的能源管理
- 基于云计算和大数据的环境安全监测

服务模式
- 造船产业链供应链协调服务平台
- 造船远程运维云制造服务平台

智能制造基础

标准规范体系
- 基础共性标准
- 关键技术标准
- 船厂应用标准

互联互通

感知采集
- 传感器　二维码　PAD　其他
- 智能仪表　条形码　RFID

数据传输及储存
- 物联网　互联网平台　集中存储　其他
- Wi-Fi　网络安全　异地容灾

图3-1　船舶智能制造模式体系架构

3.5　本章小结

　　本章通过分析船舶智能制造模式的定义及内涵,提出涵盖船舶设计、船舶生产、船舶管理、船舶服务以及智能制造基础建设等方面的核心要素,并据此提出船舶智能制造模式体系架构,为我国船舶行业智能制造发展提供模式支撑。

第4章 船舶智能制造设计模式

4.1 概　　述

本章基于国内船舶设计的现状,提出了符合船舶智能制造需求的工程分解与组合方法,并据此构建了船舶中间产品分类体系,以及基于模型定义的生产设计方式,为建立基于三维模型的设计制造一体化模式提供了技术支撑。

4.2　国内外船舶设计模式现状

4.2.1　国外船舶设计现状

日本、韩国的造船厂对分段进行成品化研究,并将其作为中间产品的主要形式。围绕分段成品化,其船厂建立起了相应的设计体系:将船体、舾装、管舾及涂装工作以分段为载体,形成一个分段成品化的任务包。这个任务包从某种程度上打破了各专业之间的条条框框,做到了"设计一体化"。

纽波特纽斯船厂是美国最大的造船厂,也是美国唯一能够设计、制造核动力航母的造船厂。该船厂将产品模型作为实现建造一体化的核心,在多个型号的研制过程中,不断引入 MBD 技术,显著提升了其船舶设计建造集成能力。2010 年,纽波特纽斯船厂在福特级航母(CVN78、CVN79)的研制中,在以集成、单一数据源为核心的环境中实现了产品全数字化模型定义,围绕模型可以支持设计迭代、分析仿真、工艺设计、生产建造、综合保障等各个环节的需求。2017 年,在 MBD 技术不断成熟的基础上,纽波特纽斯船厂提出了船舶数字线程(digital thread)的建设设想;以 MBD 为核心,把产品从需求分析到退役全生命周期的综合数字化造船(integrated digital shipbuilding)划分为设计领域(technical authority,TA)、制造领域(build authority,BA)、保障领域(in-service authority,IA)三大业务领域,与美国国防部提出的数字化企业的三大业务领域的思想一致。上述相关能力的建设和应用,为纽波特纽斯船厂带来了较高的商业价值,使船舶建造周期缩短 40% 以上。

德国迈尔船厂 2004 年开始实施船舶虚拟制造计划。该船厂应用了产品全生命周期系统,使船厂能够在三维虚拟环境中完成产品的开发和设计工作,并使得供应链处于最佳运行状态。船厂试验的结果显示:采用产品全生命周期仿真系统后,船舶设计时间缩短 30%、建造时间下降 20%、产品目录减少 50%,船厂的生产效率得到了较大幅度提高,市场竞争力明显增强。2015 年 2 月,德国迈尔船厂基于达索三维体验平台开始新产品研制,提升了设计和建造远洋邮轮的水平,进一步增强了其创新能力、扩大了其市场领先地位。

目前,法国达索、美国鹰图、英国 AVEVA 软件公司已实现基于统一数据库架构的全关联三维建模,形成了船舶设计建造全流程一体化数据集成管理解决方案。

4.2.2 国内船舶设计现状

国内船海企业从 20 世纪 90 年代末开始发展造船数字化技术,基本建立了区域导向型的现代造船模式以及成熟的生产设计理论体系。但是数字化设计技术发展相对落后,设计院所依然以传统的二维设计为主,与先进造船国家相比,尽管各个船厂不断引进先进的设计软件,提升船舶设计技术,但差距依然存在。

近年来,船舶的设计方式正在经历重大的转型,开始向基于模型定义的船舶设计方式转变,如国内某些骨干船厂首次实现无纸化造船、三维模型下车间、三维图纸系统辅助船舶建造可视化等。但大部分的船厂应用水平参差不齐,从总体上讲,我国船舶行业的数字化应用水平与世界先进水平尚有差距。这些差距主要表现在:

(1)船舶设计中所采用的软件开放性较差,各级模型的完整性、可靠性、可维护性和可集成性有待进一步提高。

(2)PDM(连接设计部门与其他业务部门)的信息支持作用没有充分发挥,"信息孤岛"还在不同程度上存在着。产品设计、制造、管理信息一体化的集成度较低,数字化设计、制造、管理各主线尚未贯通,数字化制造技术的效能远未发挥。

(3)基于中间产品进行三维数字化建模设计不够深入,大部分设计软件功能还不能完全满足基于 MBD 的三维设计模型技术的应用。部分船企能以中间产品为对象输出生产图纸、工艺文件、材料定额等信息,但是对于制造流程、精度控制、检验标准、工时定额等信息的输出力度还不够。

(4)以三维模型作为单一数据源的设计、制造集成研究不够深入,远远没有达到设计、制造、集成全三维化的目的。

(5)船舶设计中利用三维模型进行施工工艺设计的水平还很低,通过虚拟仿真验证工艺、精度、物流等方面的合理性尚处于起步阶段。

4.3 基于统一三维模型的详细设计与审图

目前传统的以二维图纸为载体的送审模式显然已成为落后的生产手段,与此同时,国内大型造船集团开始推行全三维一体化设计,力图在未来逐渐使设计方式向三维过渡,并在未来船舶产品全生命周期中以三维模型取代图纸作为主要的信息载体。

4.3.1 面向送审的三维详细设计方法与集成

4.3.1.1 面向送审的三维详细设计模型特征

以面向送审的三维详细设计模型特征和设计方法为基础,生成面向送审的三维详细设计模型,同时以 CAD/CAE 模型数据一致性和模型生成技术,将三维详细设计模型转化为面向送审的 CAE 分析模型,并通过三维设计软件与三维审图软件之间的数据接口,进行三维模型的送退审。

（1）模型数据参数化特征

全参数化定义模型数据是面向三维电子审图的基础。船舶结构模型以全参数化的形式来定义模型的属性信息和几何信息,会带来很多便利。修改三维模型参数,三维模型便可随之更改,有利于面向 CAD/CAE 一体化时结构简化的实现。

（2）模型轻量化特征

详细设计阶段船体三维模型需具有轻量化的特点,以满足模型面向三维送审的需求,同时满足 CAD/CAE 一体化及产品生命周期管理的需求。此轻量化特点既保证了模型上包含所有必备的属性信息和几何信息,又实现了数据体量小、信息全。减小设计数据的体量,最大限度地释放系统资源,可使用户的流畅性体验大大提高。

4.3.1.2　面向送审的三维详细设计方法

（1）三维模型构建路线

设计院、船厂创建三维结构模型,并转化生成有限元模型,提交船级社。以数字管理平台为核心,船级社通过数据接口分别导入 CAD、CAE 模型数据,开展规范计算和有限元分析,最终基于三维模型标注退审意见。

（2）参数化建模方法

得益于模型参数化定义方法,运用软件工具可以迅速读取设计数据,同时也可以通过修改参数对模型进行编辑。因此船舶结构模型以全参数化的形式来定义其属性信息和几何信息,从而实现在三维模型审图过程中通过修改参数简化模型、通过读取参数继承属性数据。

（3）模型数据的读写接口

模型中所有参数化定义的数据,皆有接口可以对其参数进行读写操作。审图软件通过相应接口读取送审模型中的参数值,实现了三维详细设计参数化模型与船级社电子审图软件的对接。

4.3.1.3　数据交换与共享

数据交换与共享分为两大块,一是基于统一平台送审数据共享;二是基于非统一平台送审数据共享。通过分析标准中间数据文件,实现设计单位输出标准格式的模型数据 XML 文件,审图单位通过数据接口读取数据文件生成自身平台内的三维模型。

（1）基于统一平台送审数据共享

设计模型送审时,基于统一平台,即设计、制造、检验所需的模型数据在统一平台内相互传递,保证了模型数据传递的可靠性。

（2）基于非统一平台送审数据共享

当设计单位和检验单位用的是非统一平台时,模型数据需要运用标准格式的中间文件来传递。运用定制的数据接口从设计平台内导出标准格式的中间数据文件,再运用接口软件读取数据文件,并导入检验平台,且必须确保生成完全一致的模型。其中,在计算机辅助设计领域广泛应用到的是 IGES 标准(初始化图形交换规范)和 STEP 标准(产品模型数据交互规范)。

4.3.2　基于三维模型的送审模式

4.3.2.1　送审需求及送审数据格式

通过对船体结构三维审图数据的结构体系、模型参数、结构附属信息与数据格式的分析,制定三维模型送审数据格式。根据船级社对数据及模型的要求,确定三维送审模型的输出格式与内容,开发符合三维模型送审的模型输出接口,采用标准化数据表达形式,确保数据传输的完整可靠,使其满足船级社和船厂之间三维送审与数据共享的要求。

4.3.2.2　面向送审的模型输出接口

基于设计软件输出的母型船结构几何模型及属性数据,开发接口软件自动重构送审模型。其主要包括分析几何模型,读取 XML 属性文件,获取创建模型所必需的参数信息,并利用技术方法提取开孔线、判断边界方向等信息,最终自动重构生成船体结构送审模型。

4.4　基于模型定义的生产设计方式

4.4.1　船舶生产设计的特征与要求

4.4.1.1　船舶生产设计的特征

基于现代造船模式的要求,结合船舶生产设计的内容以及流程,船舶生产设计的特征可以归纳如下:

(1)生产设计是以虚拟的船厂资源映射实际的造船过程;

(2)生产设计产生的图表是船厂车间指导造船的唯一依据,它帮助船厂解决了"如何合理造船"的问题;

(3)生产设计贯穿于船舶的合同签订到生产设计图纸提交,并配合生产管理部门服务于船舶的生产建造,需要实现壳舾涂一体化和设计、生产、管理一体化;

(4)生产设计强化了"中间产品"的概念,以成组技术、相似性原理组织区域化设计,实现了中间产品的分段集成化、舾装单元化以及产品制造专业化。

4.4.1.2　船舶生产设计的要求

船舶生产设计体现了船舶建造"一体化"的内涵。基于精细化思想,采取统筹协调方法,进而达到优化生产设计、建造与管理的目的。概括而言,船舶生产设计主要有以下要求：

（1）充分规划造船流程

生产设计工作图主要通过图纸信息充分表达船舶零部件的组合层次，即从零件、部件、片体、分段到总段的装配工艺、安装顺序、焊接方法以及注意事项等。此外，多专业的配合增加了船舶现场建造的难点，因此需要在生产设计环节实现"图纸造船"，在保证该流程的准确后再进行现场施工，进而避免了施工者因盲目造船而出现错误的现象。

（2）为现场施工提供技术支持

设计者的努力为施工者提供了良好的技术支持，便于施工，易于保证质量。技术支持主要包括以下内容：基于船舶实际建造的全三维工艺设计技术，包括结构化工艺及工艺库设计技术、复杂结构装配工艺设计与仿真技术、复杂舾装安装工艺设计与仿真技术等；三维数字化装配工艺技术，包括三维设计模型数据与工艺信息数据转换技术、装配结构树重构技术、船体与舾装装配顺序和装配过程自动生成技术等；自动化焊接工艺技术，包括焊接规范统一数据库构建技术、基于规则的焊接工艺辅助设计技术、焊接工艺信息可视化设计技术、焊接物量的结构化提取与信息集成技术、焊接工艺现场执行实施监控技术等。

（3）规划建造工序

根据船厂的实际施工情况，施工顺序不合理会导致现场建造后续工作无法完成，迫使工程返工，从而加大了船舶建造的成本，降低了生产建造的效率。传统的施工工艺虽然也规定了施工顺序，但协同性远不如现代造船模式下的生产设计规划。规划建造工序如管子预舾装，则需要保证在不同的阶段进行工程施工，以保证管子的顺利装配。

（4）基于任务包/派工单的精细化设计

基于任务包/派工单的精细化设计包括建造全过程的精细化作业分解与组合方法、WP/WO 目录自动生成技术，以及涵盖的完整性工艺信息、管理信息、工时物量等。

（5）利于现场生产与管理

生产设计是协调设计生产过程中各类因素（人力、资源、设备、场地等）的过程，并以图表的形式向生产部门提供指导，使得生产平稳有序进行。

4.4.2　基于 MBD 技术的船舶生产设计目标图像

MBD 技术，即基于模型的定义技术，是一种面向计算机应用的产品数字化定义技术，其核心思想是用一个集成的三维实体模型来完整地表达产品信息定义，它详细规定了三维实体模型中产品尺寸、公差的标注规则和工艺信息的表达方法。MBD 技术使用三维实体模型作为生产制造过程中的唯一依据，是一种实现面向制造的设计方法。

MBD 技术充分利用三维模型直观、可视化和准确表达的特点，将产品全生命周期中所需的几何信息和非几何信息，以注释或属性的方式附加到三维模型中，从而使三维模型成为生产制造过程中的唯一依据，为设计人员摆脱繁重琐碎的二维制图工作提供了可能。

因此，基于 MBD 技术的船舶生产设计目标图像，突破了当前现代造船模式下"三维模型+二维图纸"的船舶设计困境，为科研院所和造船企业解决船舶总体设计与生产设计平台不统一、船舶三维模型多次构建、船舶设计数据不唯一、设计工作重复、现场智能设备无法识别或者很难识别设计图表等问题提出了系统解决方案、提供了新的设计方法支撑。

4.4.3　基于 MBD 技术的船舶生产设计

基于 MBD 技术的船舶生产设计是以三维模型作为传输介质，与基于二维图纸的船舶生产设计流程有所不同，其设计流程如图 4-1 所示。

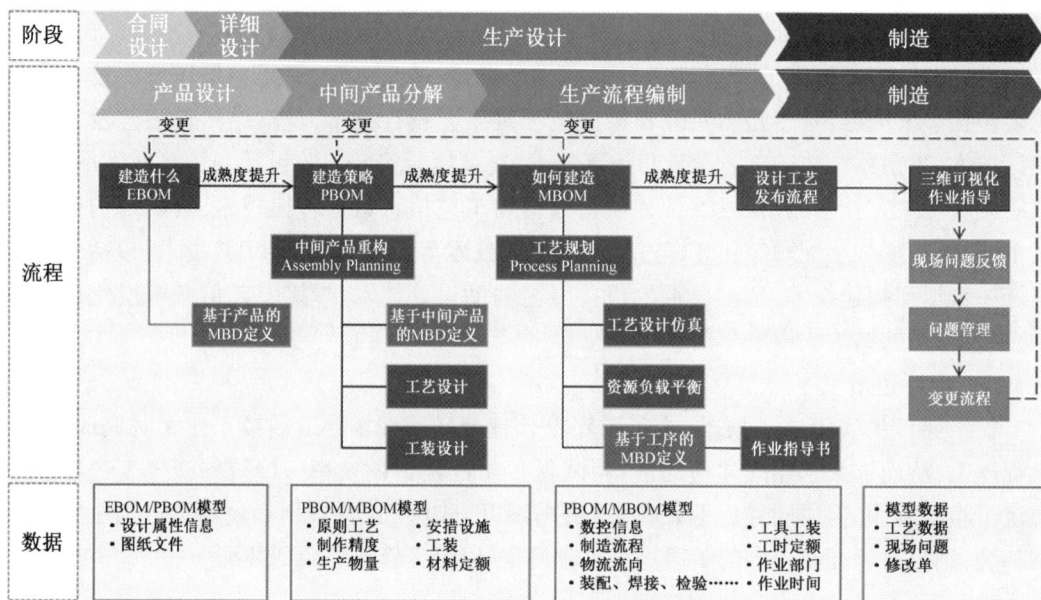

图 4-1　基于 MBD 技术的船舶生产设计

设计端工程物料清单（EBOM）模型是按照区域、专业、系统进行组织的，这种组织方式可以方便设计端快速建模及专业协调，但是这种模型是无法直接下发和指导施工的。

为此，需将设计端 EBOM 模型进行中间产品重构，即进行中间产品工程分解。中间产品以大区域、总组、分段、单元进行组织，其中分段还可以分解为船体分段建造和分段舾装托盘。在中间产品三维模型中，可以进行中间产品定义、工艺设计、工装设计等，形成中间产品计划物料清单（PBOM）。PBOM 包含的数据有中间产品装配规划模型、工艺文件、生产物量、制作精度等信息。PBOM 模型告诉我们要建造什么、建造策略是什么。接下来，需要在三维工艺规划中解决"如何建造"的问题。三维工艺规划以搭载顺序、分段建造计划、工序、工位进行组织，对每一个工序、工位建立资源关联。在三维工艺规划中可以进行工艺仿真优化、资源负载平衡，制作三维作业指导书等，形成中间产品的制造物料清单（MBOM）。MBOM 包含的信息有三维工艺规划模型、数控文件、制造流程、工时定额、作业部门等。

设计、工艺过程中，通过模型成熟度控制来对模型进行管理。设计、工艺过程完成后，通过定制的发布流程，将三维模型、三维作业指导书、仿真动画发给施工现场。发布后的模型通过版本控制来进行管理，确保模型有效性和唯一性。生产现场根据收到的三维模型、三维作业指导书、仿真动画进行施工，如果在施工过程中发现问题，则通过问题管理流程反

馈问题,设计、工艺则通过模型变更流程创建更改单,进行相应的设计变更、工艺变更。各物料清单(BOM)的转换流程如图4-2所示。

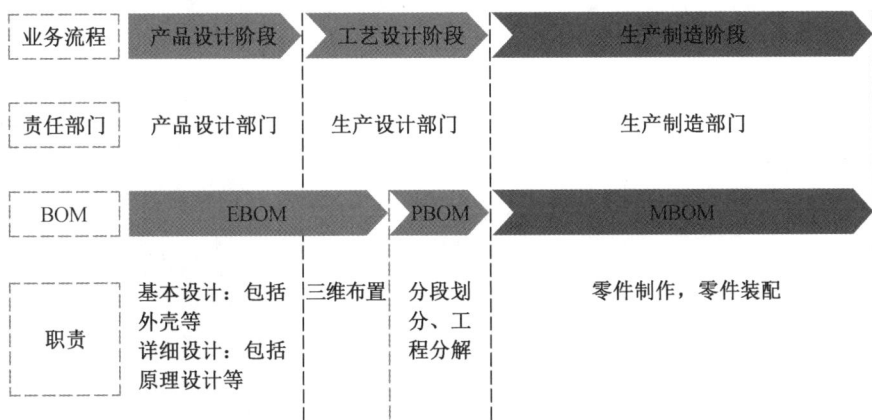

图4-2　船舶设计中BOM的转换流程

具体转换流程步骤如下:

(1)产品设计部门根据船东需求或者船舶设计要求,在三维数字化设计平台上,完成船舶设计工作,形成EBOM。

(2)生产设计部门基于EBOM,结合船舶企业工艺装配的特点,编制船舶建造工艺文件,形成建造方案及PBOM。

(3)生产制造部门基于EBOM、PBOM及ERP(含造船工程日程计划,设计、物资纳期计划,生产准备计划等),在三维数字化设计平台的三维工艺规划模块中,定义船舶中间产品及中间产品之间的装配关系,在三维工艺规划模块中,定义具体的作业部门、工序、工位、工时定额、材料定额、精度信息等,形成MBOM。

4.4.4　基于MBD技术的船舶生产设计数据流程

生产设计数据流程如图4-3所示。

首先,在CAD的三维设计平台上创建绘制三维模型,其中不但包含模型的实体,也包含必要的标注和工艺程序,例如基准、尺寸、材质、注释、快照和视图等;基于创建的三维模型文件,在模型编辑管理平台上创建装配视图,其中包含了装配的工艺方法、装配工艺流程、焊接工艺标注和现场实施工艺等文件;基于装配视图文件,可以直接完善绘制或直接生产MBD的数据包文件,用于指导现场生产,包含了相关图纸文件、工艺文件、必要的清单清册、三维作业指导书、三维装配工艺模型和三维仿真动画等数据文件;MBD数据包文件生成的过程也可以基于装配视图,在三维仿真平台上通过加入厂房设备、工装等现场资源,进行工艺流程的仿真,然后生成MBD数据包;在工艺流程仿真过程中,可以在三维场景中表达出现场资源、工艺过程、流程计划、物料信息、关键过程的装配仿真场景等信息;通过设计发布,将MBD生产设计所包含的信息文件,借由现场终端设备传递给现场工作和生产操作人员。

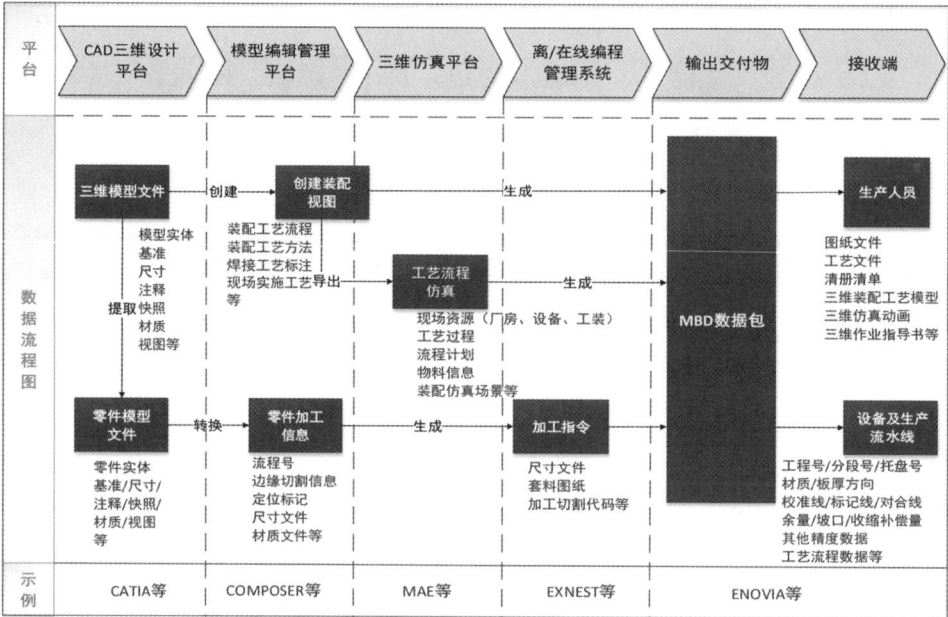

图 4-3　生产设计数据流程图

其次,基于模型定义的生产设计过程中的数据文件,可以通过完整的数据信息,经由数据转换,形成生产线和设备可读的程序文件。以零件加工和分段装配过程为例,在 CAD 的三维设计平台上,提取与零件相关的模型文件,其中包含了零件实体模型、基准、材质、尺寸等信息,然后在模型编辑管理平台上,将以上信息转换处理为零件加工必要信息,其中包含流程编号、边缘切割处理信息、定位标记、尺寸和材质信息等;零件的加工信息生成设备可读的资料文件,需要在离线或者在线的编程管理系统上完成,该管理系统可以集成于切割加工设备内部,也可以集成于生产现场终端设备,经过加工和转换,生成包含套料图纸、尺寸和加工切割代码的加工指令文件,通过设备的生产加工,形成零件及交付物,借助流水线设备和人员作业,通过装焊进而形成分段及其交付物;这个过程的交付物除了零部件和小中组立的中间产品,还有工程号、分段号、托盘号、工艺流程信息、板厚及材质信息、舾装安装信息图纸,以及校准线、定位线、对合线、余量、坡口、收缩补偿量等焊接装配和精度定位信息。

上述生产设计数据流程中,数据在不同的模块或平台中转换流通,用于人员和设备使用的数据文件可以直接由管理平台进行发布或者传递,指导现场生产,数据随着模型的变更而更新。

4.5　面向智能制造的生产设计

4.5.1　面向智能制造的船舶工程分解与组合方法

船舶产品的作业任务分解与组合是基于成组技术的,而其分类成组则是应用成组技术的相似性原理。

成组技术相似性原理,就是指产品作业任务分解后通过分类成组的方法将产品中具有相似结构、相似工艺的零件分别归并,分类成组。然后针对同族零件的共性统一组织生产。

结合船舶制造的特点,船舶制造的分类成组不同于机械制造,而是吸取了日本推行的造船生产设计的设计准则,形成了产品作业任务分解与组合的分类成组四个准则:

(1)按作业对象所处船舶产品的空间部位(区域)分类成组

按作业对象所处船舶产品的空间部位(区域)分类成组即将各类不同的船舶产品按其相同的划分空间部位(区域)分类成组组织生产。如:

①大的区域划分,可分为机舱区、货舱区、上层建筑区、艏艉区等;

②各大区域再划分,又可分为各个总段区、分段区;

③各个总段、分段区域再细分,还可以将托盘安装的部位划分成一个个舾装件托盘安装的舾装作业小区域。

(2)按作业性质分类成组

按作业性质分类成组即按船舶产品不同空间部位(区域)相同性质的作业按壳、舾、涂作业分类成组组织生产。按其作业性质分类,仅有如下三类:

①船体建造(壳)作业:指将钢材制成船舶壳体的整个生产过程的作业。其主要作业为钢材下料、切割、加工成型、装配及焊接。

②舾装(舾)作业:指将各种船用设备、仪器、装置,以及各种管系、电缆、装饰等舾装件按作业区域、阶段安装到船上的整个生产过程的作业。其主要作业为预制、预装及船内安装。

③涂装(涂)作业:指钢料预处理,分段,全船所需除锈、涂漆等整个生产过程的作业。其主要作业为除锈及喷涂(油漆)。

(3)按作业时序(阶段)分类成组

按作业时序(阶段)分类成组即三类不同性质的壳、舾、涂作业按各自作业时序(阶段)分类成组组织生产。

按上述作业性质分类成组形成的壳、舾、涂作业,各有其作业时序(阶段),具体如图4-4所示。

(4)按作业任务相似类型分类成组

按作业任务相似类型分类成组即按上述各相同类型的作业任务分类成组组织生产。

船舶产品经空间部位(区域)与作业时序(阶段)的划分,按作业任务相似类型分类成组如图 4-5 所示。

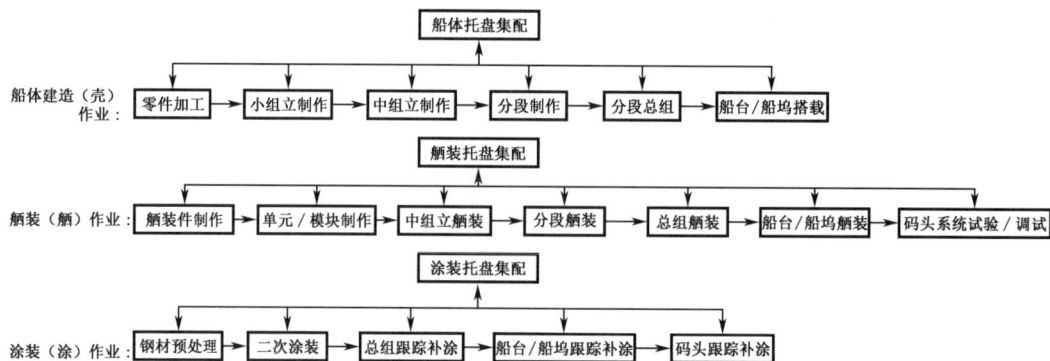

图 4-4　按作业时序(阶段)分类成组

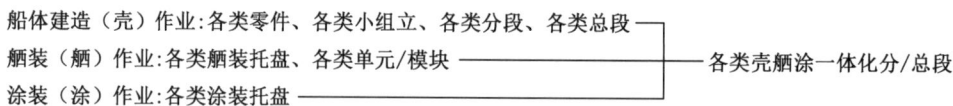

图 4-5　按作业任务相似类型分类成组

4.5.2　面向智能制造的船舶中间产品定义与分类

依据面向智能制造的中间产品分解与组合方法,中间产品的分类体系应包括实物中间产品和虚物中间产品。

中间产品的分类体系依据船舶建造工艺流程,分为分段、总段、完整性下水/出坞阶段、码头系泊阶段四大类。

分段部分涵盖了从钢材预处理到分段成品的中间产品分类,体现了零件、小组立、中组立、分段的完整作业流程。

总段部分主要体现了将舾装件托盘、单元/模块托盘作为中间产品的虚物形态和实物形态。

完整性下水/出坞阶段的中间产品分类与总段部分相似,着重体现了将托盘作为中间产品的分类情况。

码头系泊阶段的中间产品着重体现虚物中间产品的分类,即船舶系统的调试设计包和调试任务包。

面向智能制造的船舶中间产品分类体系如表 4-1 所示。

表 4-1　面向智能制造的船舶中间产品分类体系

序号	制造阶段	类型	实物中间产品	虚物中间产品
1	分段制造阶段	船体	型材托盘	型材托盘设计包
				型材托盘任务包
			板材托盘	板材托盘设计包
				板材托盘任务包
			零件	零件切割/加工设计包
				零件切割/加工任务包
			零件托盘	零件托盘设计包
				零件托盘任务包
			小组立	小组立制作设计包
				小组立制作任务包
			小组立托盘	小组立托盘设计包
				小组立托盘任务包
			中组立	中组立制作设计包
				中组立制作任务包
			中组立托盘	中组立托盘设计包
				中组立托盘任务包
			分段	分段制作设计包
				分段制作任务包
		舾装	中组立铁舾件	中组立铁舾件制作设计包
				中组立铁舾件制作任务包
			中组立铁舾件托盘	中组立铁舾件托盘设计包
				中组立铁舾件托盘任务包
			中组立管舾件	中组立管舾件制作设计包
				中组立管舾件制作任务包
			中组立管舾件托盘	中组立管舾件托盘设计包
				中组立管舾件托盘任务包
			中组立	中组立舾装件安装设计包

表 4-1(续 1)

序号	制造阶段	类型	实物中间产品	虚物中间产品
1	分段制造阶段	舾装	中组立	中组立舾装件安装任务包
			分段铁舾件	分段铁舾件制作设计包
				分段铁舾件制作任务包
			分段铁舾件托盘	分段铁舾件托盘设计包
				分段铁舾件托盘任务包
			分段管舾件	分段管舾件制作设计包
				分段管舾件制作任务包
			分段管舾件托盘	分段管舾件托盘设计包
				分段管舾件托盘任务包
			分段电舾件	分段电舾件制作设计包
				分段电舾件制作任务包
			分段电舾件托盘	分段电舾件托盘设计包
				分段电舾件托盘任务包
			分段单元/模块	分段单元/模块制作设计包
				分段单元/模块制作任务包
			分段单元/模块托盘	分段单元/模块托盘设计包
				分段单元/模块托盘任务包
			分段	分段舾装件托盘安装设计包
				分段舾装件托盘安装任务包
				分段单元/模块托盘安装设计包
				分段单元/模块托盘安装任务包
		涂装	型材	型材预处理设计包
				型材预处理任务包
			板材	板材预处理设计包
				板材预处理任务包
			分段二次涂装托盘	分段二次涂装托盘设计包
				分段二次涂装托盘任务包
			分段二次涂装	分段二次涂装设计包
				分段二次涂装任务包

表 4-1(续 2)

序号	制造阶段	类型	实物中间产品	虚物中间产品
2	总段制造阶段	船体	总段	分段总组设计包
				分段总组任务包
		舾装	总段铁舾件	总段铁舾件制作设计包
				总段铁舾件制作任务包
			总段铁舾件托盘	总段铁舾件托盘设计包
				总段铁舾件托盘任务包
			总段管舾件	分段管舾件制作设计包
				总段管舾件制作任务包
			总段管舾件托盘	总段管舾件托盘设计包
				总段管舾件托盘任务包
			总段电舾件	总段电舾件制作设计包
				总段电舾件制作任务包
			总段电舾件托盘	总段电舾件托盘设计包
				总段电舾件托盘任务包
			总段内舾件	总段内舾件制作设计包
				总段内舾件制作任务包
			总段内舾件托盘	总段内舾件托盘设计包
				总段内舾件托盘任务包
			总段单元/模块	总段单元/模块制作设计包
				总段单元/模块制作任务包
			总段单元/模块托盘	总段单元/模块托盘设计包
				总段单元/模块托盘任务包
			总段	总段舾装件托盘安装设计包
				总段舾装件托盘安装任务包
				总段单元/模块托盘安装设计包
				总段单元/模块托盘安装任务包
		涂装	总段跟踪补涂托盘	总段跟踪补涂托盘设计包
				总段跟踪补涂托盘任务包

表 4-1(续 3)

序号	制造阶段	类型	实物中间产品	虚物中间产品
3	完整性下水/出坞阶段	船体	分/总段搭载	分/总段搭载设计包
				分/总段搭载任务包
		舾装	各区域铁舾件	各区域铁舾件制作设计包
				各区域铁舾件制作任务包
			各区域铁舾件托盘	各区域铁舾件托盘设计包
				各区域铁舾件托盘任务包
			各区域管舾件	各区域管舾件制作设计包
				各区域管舾件制作任务包
			各区域管舾件托盘	各区域管舾件托盘设计包
				各区域管舾件托盘任务包
			各区域电舾件	各区域电舾件制作设计包
				各区域电舾件制作任务包
			各区域电舾件托盘	各区域电舾件托盘设计包
				各区域电舾件托盘任务包
			各区域内舾件	各区域内舾件制作设计包
				各区域内舾件制作任务包
			各区域内舾件托盘	各区域内舾件托盘设计包
				各区域内舾件托盘任务包
			各区域单元/模块	各区域单元/模块制作设计包
				各区域单元/模块制作任务包
			各区域单元/模块托盘	各区域单元/模块托盘设计包
				各区域单元/模块托盘任务包
			船舶区域(机舱区域、货舱区域、船首区域、船尾区域、甲板区域、上建区域、特种区域、其他区域)	各区域舾装件托盘安装设计包
				各区域舾装件托盘安装任务包
				各区域单元/模块托盘安装设计包
				各区域单元/模块托盘安装任务包
		涂装	各区域跟踪补涂托盘	各区域跟踪补涂托盘设计包
				各区域跟踪补涂托盘任务包

表 4-1(续 4)

序号	制造阶段	类型	实物中间产品	虚物中间产品
4	码头系泊阶段	舾装	发电机系统试验/调试	发电机系统试验/调试设计包
				发电机系统试验/调试任务包
			主机系统试验/调试	主机系统试验/调试设计包
				主机系统试验/调试任务包
			舵机系统试验/调试	舵机系统试验/调试设计包
				舵机系统试验/调试任务包
			锚机系统试验/调试	锚机系统试验/调试设计包
				锚机系统试验/调试任务包
			燃油系统试验/调试	燃油系统试验/调试设计包
				燃油系统试验/调试任务包
			滑油系统试验/调试	滑油系统试验/调试设计包
				滑油系统试验/调试任务包
			冷却水系统试验/调试	冷却水系统试验/调试设计包
				冷却水系统试验/调试任务包
			舱底水系统试验/调试	舱底水系统试验/调试设计包
				舱底水系统试验/调试任务包
			压载水系统试验/调试	压载水系统试验/调试设计包
				压载水系统试验/调试任务包
			消防系统试验/调试	消防系统试验/调试设计包
				消防系统试验/调试任务包
			救生系统试验/调试	救生系统试验/调试设计包
				救生系统试验/调试任务包
			通导系统试验/调试	通导系统试验/调试设计包
				通导系统试验/调试任务包
			空调制冷系统试验/调试	空调制冷系统试验/调试设计包
				空调制冷系统试验/调试任务包
			通风系统试验/调试	通风系统试验/调试设计包
				通风系统试验/调试任务包

表 4-1(续 5)

序号	制造阶段	类型	实物中间产品	虚物中间产品
4	码头系泊阶段	涂装	生活水、生活污水处理系统试验/调试	生活水、生活污水处理系统试验/调试设计包
				生活水、生活污水处理系统试验/调试任务包
			其他系统试验/调试	其他系统试验/调试设计包
				其他系统试验/调试任务包
			码头系泊阶段跟踪补涂托盘	码头系泊阶段跟踪补涂托盘设计包
				码头系泊阶段跟踪补涂托盘任务包

4.6 基于三维模型的设计制造一体化模式

4.6.1 基于 MBD 技术的设计数据集构建

MBD 技术使用一个集成化的三维数字化实体模型表达完整的产品定义信息,该信息成为制造过程中的唯一数据源。MBD 定义信息集成了设计、工艺、制造等环节要求的尺寸信息、精度信息、物量信息等各类信息。MBD 模型数据集定义贯穿 MBD 整个设计业务流程,在不同的设计阶段可以添加不同的 MBD 信息。MBD 信息可以向下游阶段连续传递,最终叠加生成生产管理、制造所需要的信息。

MBD 模型数据集定义框架如图 4-6 所示。

MBD 模型数据集定义框架包括以下内容:

(1)管理信息:主要内容包括工时定额、材料定额、作业部门、作业时间等管理类信息。

(2)设计信息:主要内容包括图名、图号等设计类信息。

(3)工艺信息:主要内容包括工艺文件、数控文件、生产物量、制造流程、精度控制、检验标准、物流流向、安措方案、工具工装、焊接信息等工艺类信息。

(4)三维标注:主要内容包括快照、视图、尺寸、注释等可视化信息。三维标准的注释类信息可以从管理信息、设计信息、工艺信息中提取。

4.6.1.1 船体结构数据集定义

在生产设计阶段,船体结构 MBD 数据架构及组织形式表达方案如图 4-7 所示。其中:装配组立节点用于表达装配对象内部零件的位置和层级关系的模型;ARM 节点为装配表现模型(assembly representation model),用于存储表达装配组立的名称、类型、装配尺寸、工艺附注等装配要求信息的 MBD 数据对象；零件节点完整地表达出零件几何形状、名称、类型、尺寸等全部信息。

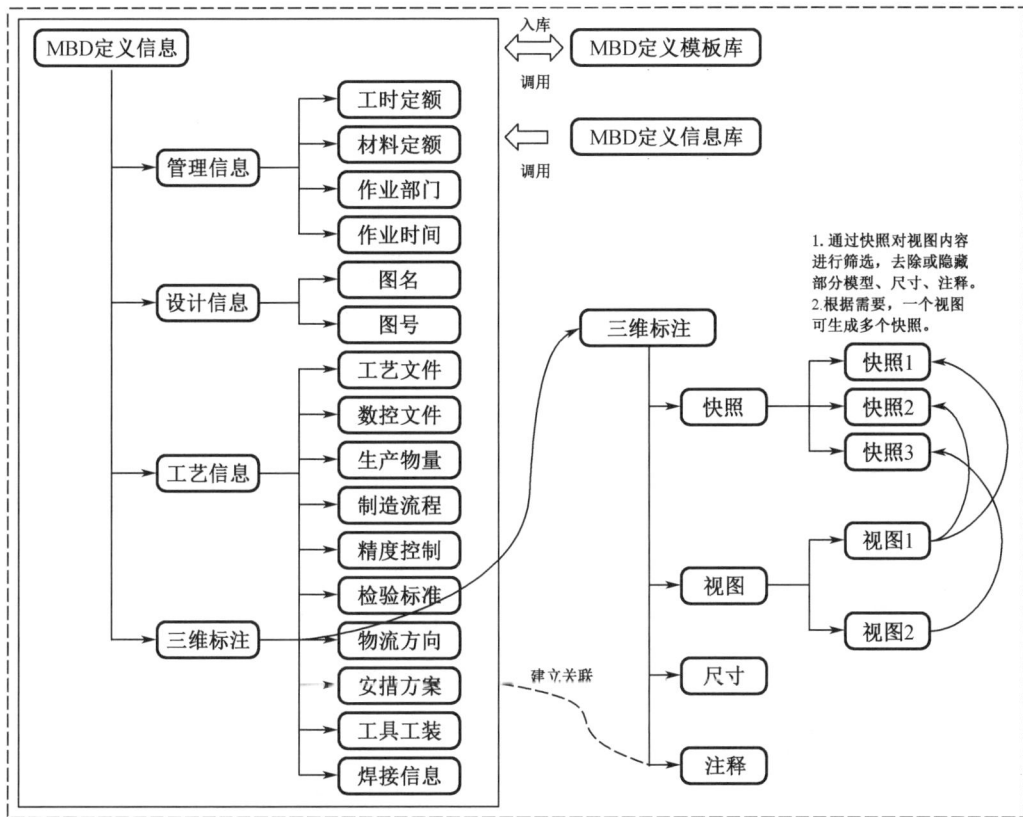

图 4-6　MBD 数据框架及组织形式表达方案

以船体结构组立为例，采用 MBD 表达完整的组立信息，是通过传统的组立模型和装配表现模型（ARM）共同来表达的，如图 4-8 所示。

4.6.1.2　舾装数据集定义

以管路专业为例，管系 MBD 数据架构及组织形式表达方案如图 4-9 所示。其中：分段节点用于表达装配对象内部管子、支架、阀门、附件等的位置和装配关系的模型；ARM 节点为装配表现模型，用于存储表达装配管子的装配、工艺等安装信息的 MBD 数据对象；管零件节点用于表达管子零件（spool）内部零件的位置和装配关系的模型。

以分段管系模型为例，完整的组立信息，是采用 MBD 通过传统的管路模型和装配表现模型共同来表达的，如图 4-10 所示。

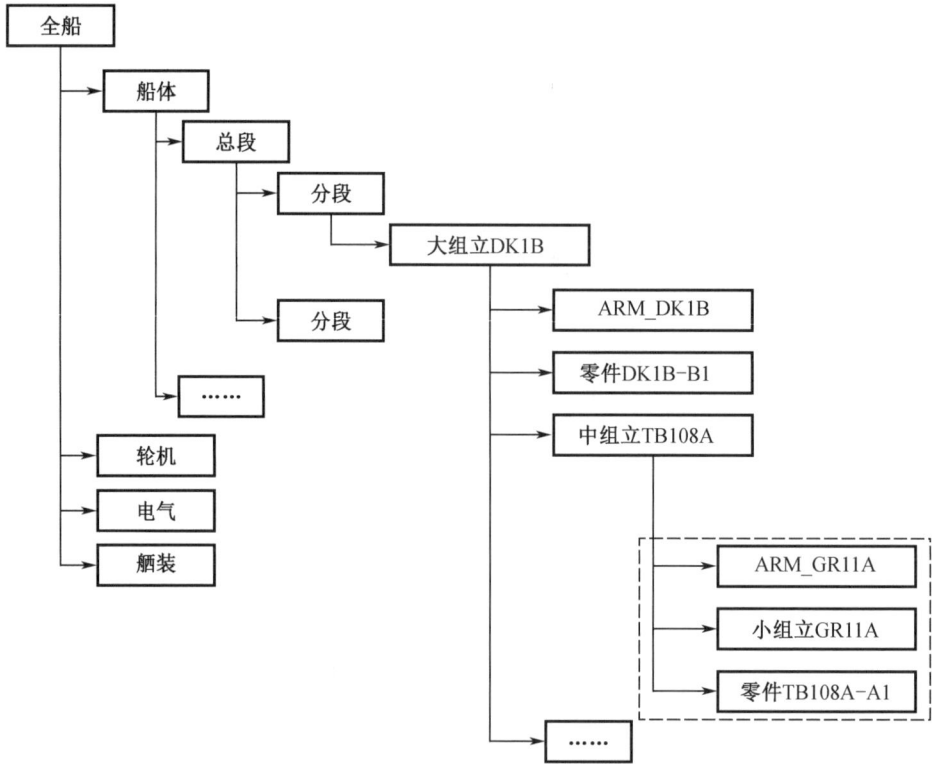

图 4-7　船体结构 MBD 数据架构及组织形式表达方案

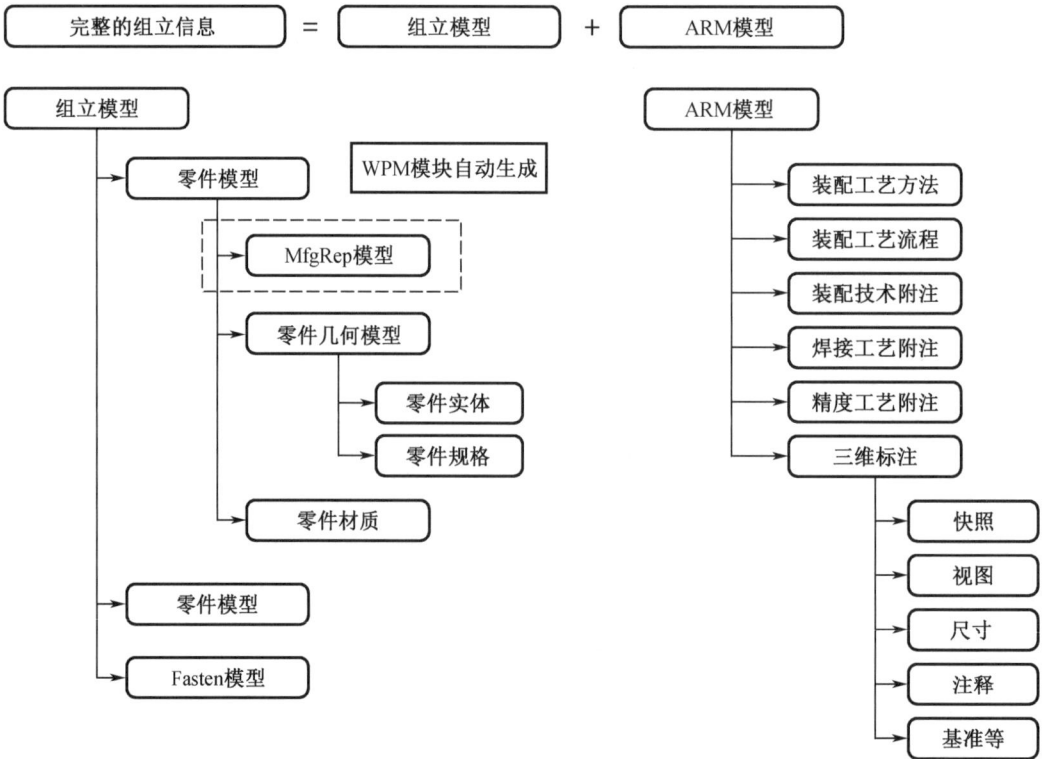

图 4-8　船体结构组立 MBD 信息表达方案

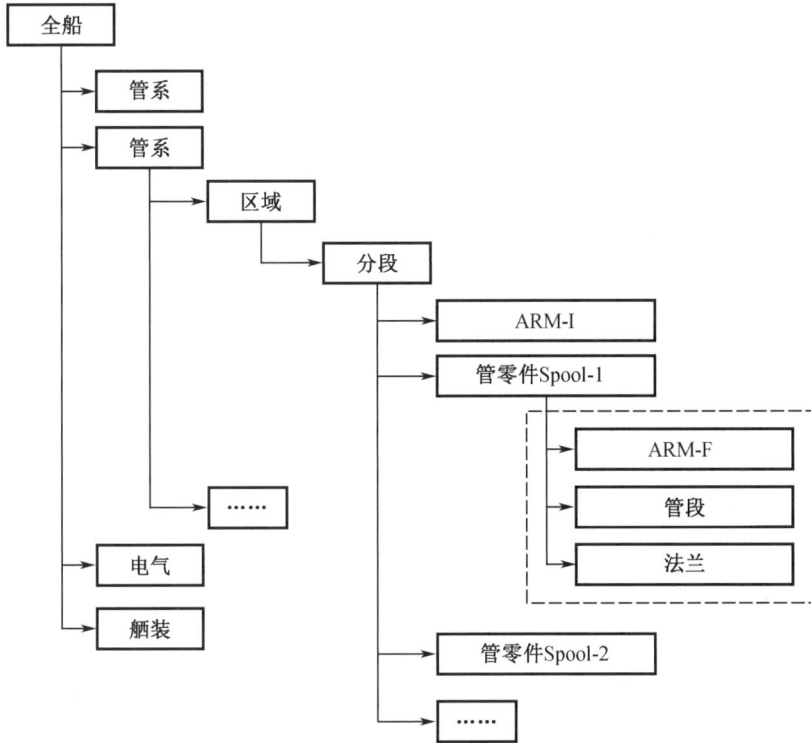

图 4-9 管系 MBD 数据架构及组织形式表达方案

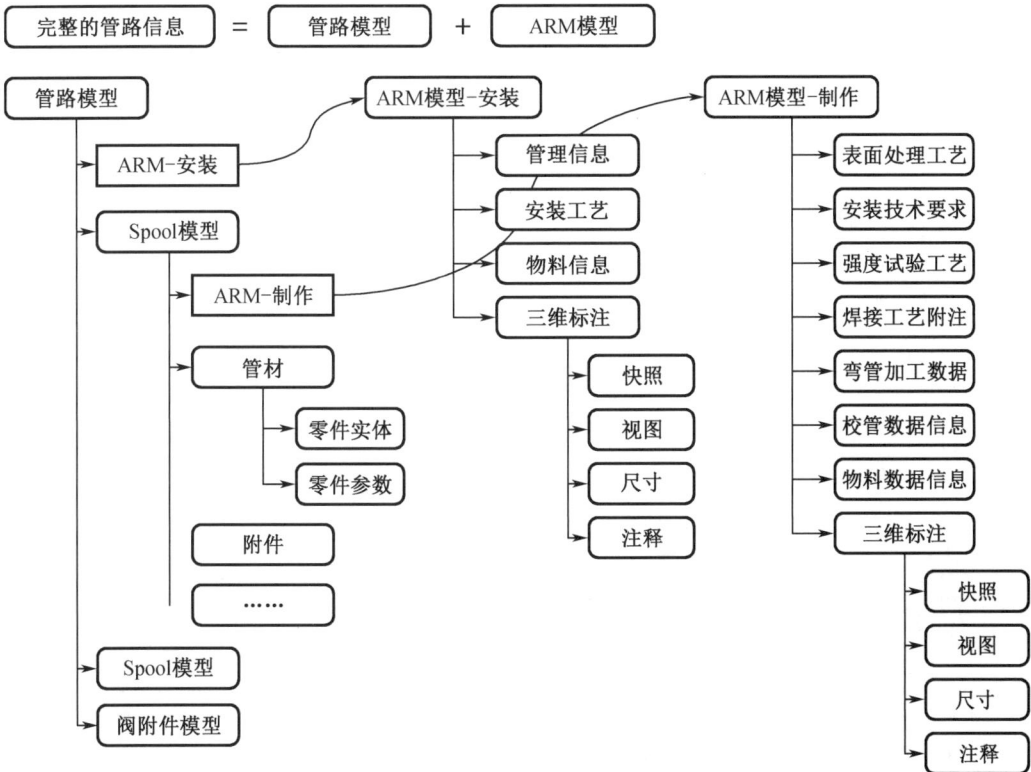

图 4-10 管系 MBD 数据架构及组织形式表达方案

4.6.2 基于 MBD 技术的三维工艺标注

在数据集定义完成后,如何把定义好的各专业数据集内的核心信息表达出来,就需要三维工艺标注方法来提供技术支持。三维工艺标注技术是在三维数字化模型上对产品尺寸、公差、制造技术要求等非几何制造信息进行组织、表达、操作管理的一项技术。在三维模型上标注用于现场生产制造的工艺信息,使后续三维作业指导书中的三维工艺信息符合船舶数字化设计新模式。

零件模型由以简单几何元素构成的、用图形方式表达的设计模型和以标注、属性方式表达的非几何信息组成。装配模型则由以一系列零件模型组成的装配零件列表加上以标注、属性方式表达的非几何信息组成。零件设计模型以三维方式描述了产品几何形状信息;属性数据表达了产品的原材料规范、分析数据、测试需求等产品内置非几何信息;标注数据包含了产品尺寸、公差范围、制造工艺和精度要求等生产必需的工艺约束类非几何信息。下面以非几何制造信息为例阐述具体定义方法与要求,非几何制造信息的表达方式分为属性与标注表达法两类。

属性表达法是将文本字符串类型的独立参数放在三维模型的属性项中,每一条属性描述由属性标识名称与属性值组成,形式上以"属性项=数据值"描述。对于包含多种信息的复杂字符串型参数说明,为了有效识别与阅读不同信息,需要通过格式符号对这些信息进行分隔。属性表达法适用于文字描述类产品的非几何制造信息,并且它们往往与产品几何特征没有任何关联。在描述产品的非几何制造信息中,零件管理类信息、建模说明类信息、批准发放类信息、零部件技术要求及材料类信息等都适合用属性来表达,详细情况如表 4-2 所示。

表 4-2　非几何制造信息的分类表达方法

非几何信息名称	信息表现形式	几何特征关联性	适用表达方法
零件信息	文本	无关联	属性或标注
建模说明	文本	无关联	属性或标注
版本信息	文本	无关联	属性或标注
批准信息	文本	无关联	属性或标注
材料信息	文本	无关联	属性或标注
尺寸	符号	有关联	标注
公差	符号	有关联	标注
基准	符号	有关联	标注
表面粗糙度	符号	有关联	标注
旗注	符号	有关联	属性和(或)标注
技术要求	文本	无关联	属性或标注
关键特性	符号	有关联	标注

标注表达法是将产品非几何制造信息通过特定符号或文本表达在三维几何实体模型的显示区域,它们具有与几何特征元素一致的操作方法。标注表达法适用于所有文本或符号描述类产品非几何制造信息。对于尺寸、公差、基准、表面粗糙度、旗注、关键特性等与产品特定几何特征密切相关的非几何制造信息,需要通过指引线来表达它们之间的关联性。此外,标注完成后需要完成检查工作,保证所有标注信息在模型中保持唯一,无冗余。

4.6.3 设计制造一体化联通与反馈机制

设计制造一体化的联通与反馈机制主要体现为三维可视化作业指导的制作、发布,以及下发后针对现场问题的反馈。

4.6.3.1 三维可视化作业指导的制作

基于 MBD 的三维可视化作业指导主要包括三维建模、设计交付物生成、设计交付物管理与使用三部分,如图 4-11 所示。

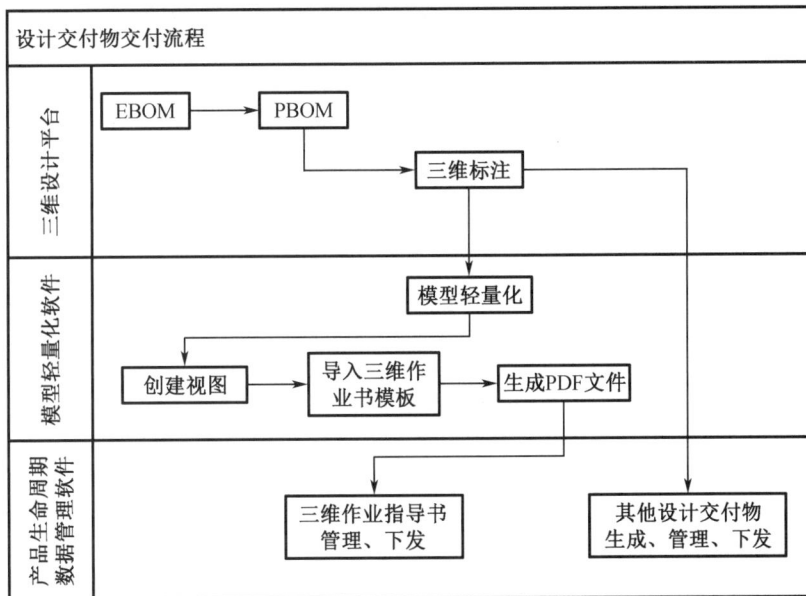

图 4-11 三维可视化作业指导流程

首先在三维 CAD 系统中开展设计建模,形成 EBOM 结构的产品模型;经过数据集创建、工艺设计与 BOM 重组等步骤后,最终生成 PBOM 形式;基于 PBOM 对中间产品进行三维标注;基于 PBOM 的中间产品定义完成后,根据下发现场的交付物形式与类型的不同并行开展三维作业指导书创建及其他设计交付物生成两项工作。其中,其他交付物一般包括船体零件明细表、舾装制作托盘、舾装制作交付物、舾装安装托盘,可由基于三维设计平台的数据管理模块直接输出。用于制作三维作业指导书的模型将其以 3DXML 文件格式导出,随后导入模型轻量化转换软件中;根据需要,在模型轻量化转换软件中进行视图定义、件号标注并生成明细表,添加安装信息、位置信息、工艺说明等;创建完毕后,在模型轻量化转换软件中将其发布成 PDF 形式,从而生成三维可视化作业指导书。所有的设计交付物的审查、签审、发放与接收统一受产品生命周期数据管理软件管理,从全过程规范了设计交付物的创建与下发,有效保证基于 MBD 技术的船舶数字化设计与制造实施。

船体大组立三维可视化作业指导书如图 4-12 所示。

船体大组立装配图		图号: B622HA111HA	版本:
		共 2 页	共 2 页
工程编号: H1573 分段号: B622 部件名: DK1B 重量: 40083.5 kg 焊接长度: 479.3 m 作业工位: 大组立装焊区		下级单位: 搭载部	流向: 60A

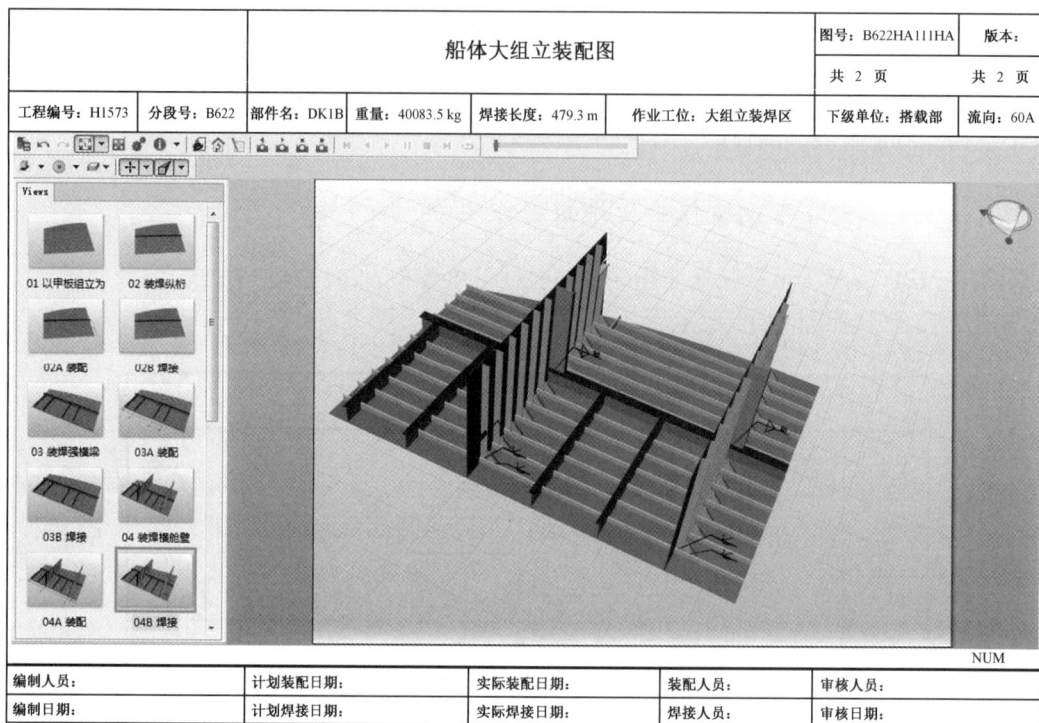

编制人员:	计划装配日期:	实际装配日期:	装配人员:	审核人员:
编制日期:	计划焊接日期:	实际焊接日期:	焊接人员:	审核日期:

图 4-12 船体大组立三维可视化作业指导书

4.6.3.2 三维可视化作业指导书发布流程

三维模型的发布及变更流程:建模设计、工艺设计完成后,通过统一的平台对设计结果进行发布。在 CO 下创建分别用于 EBOM、Assembly Planning、Process Planning 发布的 CA(change action)对设计结果进行发布。CA 中定义相应的校审签发布审批流程,实现电子化、三维可视化签审。当 CA 发布流程全部完成后,将自动驱动 CO,以完成整个发布流程,如图 4-13 所示。

4.6.3.3 现场问题的反馈

当现场发现设计或工艺问题时,通过设计制造一体化平台的问题管理,对现场问题进行反馈,问题可以关联相关模型、工艺文件、文档、作业指导书等。设计部门收到现场问题后对对应的工艺、模型等进行修改,并对现场制造问题进行分类管理与分析,不断积累相关知识,避免类似问题再次发生。

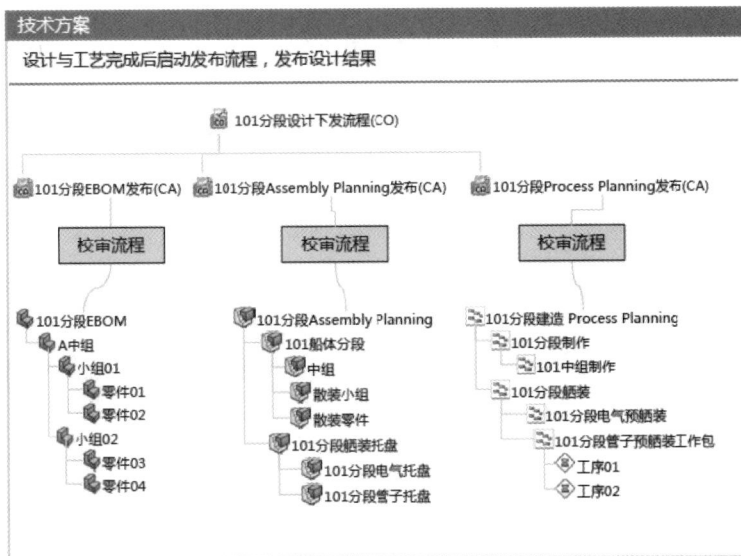

图 4-13　三维模型的发布方案

其中工艺说明、注释等文字可进行相应修改后再进行发布;对于发布后的模型变更,首先应对模型进行升版,升版后的模型成熟度为"工作中",设计员可以在新版模型上进行设计变更。对于不影响 Assembly Planning 和 Process Planning 的更改,采用小版本进行管理,对于影响 Assembly Planning 和 Process Planning 的更改,采用大版本进行管理。当所有变更完成后再通过发布流程对设计变更进行发布。三维模型变更技术方案如图 4-14 所示。

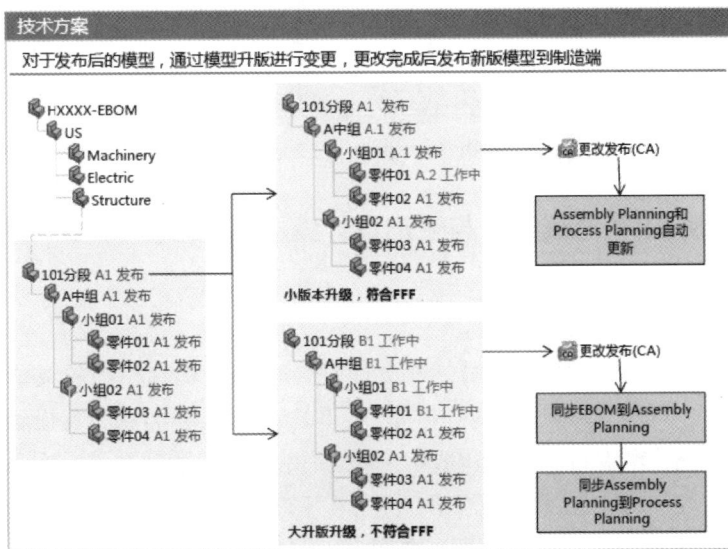

图 4-14　三维模型变更技术方案

4.7 基于三维模型的详细设计与生产设计集成

对船体结构、管系、电气的详细设计与生产设计共通点和驱动关系进行分析,利用数据共享、智能化、参数化设计思想,并结合三维设计平台,制定总段拆分、管系与电气二维原理图驱动三维模型生成技术规范要求。

4.7.1 船体结构详细设计与生产设计集成

基于三维设计平台分析并归纳出详细设计阶段结构设计对象拓扑关系网络,实现生产设计模型中结构对象间拓扑关系的继承和更新。围绕船舶详细设计模型,根据生产工艺,针对分段生产设计中的细节与节点,进行船舶三维模型分段拆分后的模型"重构",以及船舶三维模型分段拆分后对称分段的"构建",形成满足生产设计需求的分段结构模型。

(1)总段拆分原理

以分界面为边界,采用"逐级拆分"的方式,把一个总段拆分成两部分,再对拆分出的部分继续"逐级拆分",经过多次拆分后完成最终的拆分,形成所需分段。总段"逐级拆分"方式,保证了各类型结构总段的可拆分性。

与分界面相交的结构对象,根据结构对象可拆性分为不可拆分对象(如肘板、补板)和可拆分对象。拆分后的分段模型继承和更新总段模型结构关联关系。

(2)定义分段分界面

分界面可以有各种形式,通常分为两类,一类是与正投影面平行,另一类是与正投影面垂直。其中与正投影面垂直的平面支持斜向划分和折线划分。根据分界面相对型材的位置关系可将型材分为平齐型材和交错型材两种。

(3)分段模型继承和更新总段模型拓扑关系

总段建模的拓扑关系在拆分时必须得到继承和更新,如果建模时引用的对象在拆分后变为多个小对象,就必须从这多个对象中正确锁定一个,并更新引用的对象名。

4.7.2 管系、电气原理设计与生产设计集成

4.7.2.1 管系二维原理图驱动三维模型

船舶管路系统和电缆系统在船舶三维设计平台建模中具有相当的灵活性和复杂性。在建造过程中首先要符合原理设计的二维信息;其次要服从各类总布置设计的要求、区域划分要求;再次要充分考虑自身船厂建造工艺和工序的要求;最后在综合布置时,要满足安全规范、实际使用维护、人机工程等因素的要求,在不断充分优化中完成三维的实体建模。

当前,船舶管路三维建模设计主要还依靠设计人员的经验,结合规范要求和生产工艺要求来规划管路走向。虽然主流的三维设计软件提供了丰富的管路建模功能,三维操作方便,但在大型复杂船舶产品设计制造中,船舶包含控制船态的压载系统、为各种动力设备提供冷却的海水淡水系统,还有燃油系统、滑油系统、压缩空气系统、液压控制系统、液位遥测

系统、排气系统、测深系统、蒸汽系统、消防等 20 多种系统,同时船舶管路通径最大 DN2500 左右,最小 DN6 左右。因此实现船舶管系设计需要大量的人力资源和时间资源,在反复设计修改后才能达到企业生产制造要求。

依据二维逻辑层管系原理图,调用设备三维模型并将其布置到所定义的坐标位置。根据先大管后小管的原则,在管系原理图中选择需要在三维环境下生成模型的管路或者分支管路进行同步。在三维环境下,选择两个设备管路端口进行二维到三维同步管路生成模型。

根据预定义规则参数,对管路路径与船体和其他专业模型的间距进行优化。根据预定义管系的规格,对管路路径的转弯半径进行优化。根据三维模型生成技术标准对已有路径进行参数优化。对管路直线度进行优化,生成多个较为平折的路径。根据计算结果,选择最适合的路径生成三维管路模型。

4.7.2.2　电气二维原理图驱动三维模型

建立电气设备三维模型库,并定义设备的名称、描述信息、厂家、类别、质量、重心、电缆余量、外形尺寸、安装孔位置、电缆进线口和定位点,以及设备所在甲板、设备所属区域、设备所在舱室等信息。

建立逻辑层船舶各控制箱、电气设备等元件图形和电缆标准数据库。将电气原理图纸上绘制的二维设备信息进行数字化处理,建立统一的原理数据库。

依据设备编号(全船唯一)、部件代号、舱室名称、区域、甲板和设备的安装位置等信息,建立二维图形与三维模型的关联关系。依据电缆编号(全船唯一)、电缆型号、电缆规格、电气系统、电缆类别、起始设备、终止设备等,建立电缆与设备之间的连接关系。

在三维模型中,定义电缆的布置通道大小、路径、节点,要求电缆通道之间相互连通。根据设备中连接点的信息,软件将自动匹配合适的基座,并计算出基座大小,按照规则生成满足船厂要求的基座编号,并进行统一管理。根据三维模型中起始设备和终止设备坐标位置及最短路径原则(并结合电缆通道)计算电缆走向。设计人员可根据需要,通过添加必经点的方式修改电缆走向。

4.8　面向智能制造的产品数据管理

针对船舶设计数据管理水平不高、设计制造信息集成能力不足的问题,通过突破船舶单一数据源详细设计和生产设计建模及完整性要求和智能化工艺设计技术等壁垒,将船体加工工艺设计数据、船体焊接工艺设计数据、船体装配工艺设计数据、管系工艺设计数据、舾装工艺设计数据、涂装工艺设计数据通过接口发布到面向智能制造的产品数据库,在产品数据管理系统中对工艺物量数据进行重构组织,根据智能车间相关工装设备的数据输入要求生成船体 BOM、管子 BOM、舾装 BOM、涂装 BOM,通过基于 SOA 的服务接口发布到车间制造执行管控系统,实现基于三维模型的设计制造一体化,有效提高船舶数据集成化、数字化、智能化水平,为未来建设智能船厂、实现智能制造奠定基础。

4.8.1　面向智能制造的船舶生产设计数据组织技术

生产设计在整个船舶设计过程中有着非常重要的地位,其数据的准确性直接影响着后道业务。生产设计阶段会产生大量的数据(如图纸、模型数据、指令等),但大多数造船厂对这些数据缺乏统一管理,仅对图纸和文件进行简单管理,下游生产部门很难获取完整且准确的设计数据,这给采购配套和生产准备带来了很多困扰。针对生产设计数据缺乏统一管理、各种 BOM 定义不清晰的问题,可通过分析各专业生产设计业务的特点定义生产设计的BOM 模型及其转换方法,实现对生产设计数据的结构化、过程化管理,有效保证数据的完整性、正确性和一致性,从而提高船舶产品的设计质量。

根据各专业对 BOM 表达方式的要求,以船体 BOM、管子 BOM、涂装 BOM 为对象,进行BOM 数据的重新组织,形成船体制作装配 BOM、管子制作安装 BOM、涂装制作安装 BOM。通过设计编码、多 BOM 转换、版本管理等技术,实现 BOM 的自动生成和变更管理。

4.8.2　船舶生产设计系统数据集成技术

针对生产车间的领料和工艺过程的要求,集成物料 BOM 和工艺 BOM,为车间级的生产管理、物资管理等生产业务系统提供数据源。

CAD 与 PDM 的集成是要求比较高、难度比较大的一个环节。要解决异构 CAD 系统的信息交换问题,尤其是需要保证 CAD 数据变化与 PDM 数据变化的一致性。其关键在于构建产品模型数据交互规范,实现产品数据管理系统与异构 CAD 系统的数据交互。

4.8.3　设计工艺信息管理技术

探究产品工艺信息分类管理方法,推进车间智能管控系统更好地将生产计划转化成与车间及可用生产资源实际相符的任务清单。以工艺结构为核心,围绕装配工艺、焊接工艺以及涂装工艺的信息管理技术,形成一个信息完整、可用于现场指导施工的交互式作业指导书,用于指导现场生产作业。针对车间管控工艺信息的要求,以工艺结构为核心,对装配工艺信息、焊接工艺信息及涂装工艺信息进行组织管理,为智能车间管控系统提供数据支撑。

4.8.4　设计及物资编码映射技术

针对船舶生产过程中产生大量的数据无法统一、有效管理的现状,制定编码规范标准,形成统一的数据规范标准,实现产品数据的全生命周期流转,建立数据信息共享基础标准。

针对异构 CAD 系统间数据格式不统一、无法进行交互共享的问题,基于产品配置信息的建模及集成技术,将不同 CAD 系统的产品模型转换为统一的数据格式,在标准的设计编码数据与不同的物料编码系统间建立属性描述关键字的映射来实现编码的映射。

4.9　本章小结

在分析国内外船舶设计现状的基础上,针对船舶智能制造技术在船舶设计方面的应用,提出面向智能制造的工程分解和组合方法,重新梳理中间产品分类体系,包含中间产品的实物和虚物形态。提出基于三维模型的设计制造一体化模式,阐述了基于 MBD 技术的设计数据集构建、基于 MBD 技术的三维工艺标注和设计制造一体化联通与反馈机制,支撑船舶智能设计模式的构建。

第 5 章　船舶智能制造生产模式

5.1　概　　述

本章节结合当前船舶建造的工艺主流程特点及要求,面向船舶智能制造,提出工艺主流程的优化与改进原则和方法,并依据当前国内外船舶工艺与装备的发展现状,提出了船舶智能制造的工艺与装备体系,以及装备研发中使用到或需要攻关的关键技术。

5.2　基于智能生产单元和生产线的工艺流程优化与改进技术

5.2.1　船舶建造工艺主流程特点及要求

现代船舶建造工艺流程体现壳舾涂作业一体化、以中间产品为导向的总装造船,实现连续、均衡且有节拍的流水作业生产。总体上具有以下的特点:

(1)按区域/阶段/类型,且以最大限度将作业前移,定点、定位组织生产作业;

(2)以中间产品为导向,船体以各类零、部件,分段,总组分段(总段)组织生产作业;舾装以各类托盘、单元/模块、壳舾涂一体分段、总组分段(总段)组织生产作业;

(3)以船体为基础、舾装为中心,以壳舾涂作业一体化组织生产作业;

(4)以管理诱导设计,以设计指导生产,以生产反馈信息,以管理、设计、生产一体化组织生产作业;

(5)充分利用企业内外资源,最大限度将中间产品外扩,形成企业内的中间产品成品化、企业外的中间产品商品化。

虽各船厂工艺流程因生产资源和生产实际差异而有所不同,但建造工艺主流程方面基本相同。现代造船模式下的船舶建造工艺主流程如图 5-1 所示。

5.2.1.1　船体分道作业

船体分道作业按照成组技术相似性原理,将构成船的零件、部件、分段等中间产品分类成组,以组为单位安排人员、设备、场地,以最有效的生产线和生产方式制造船体零件、部件、组件和分段;并按工艺流程将作业均匀地分配到按分段生产特征划分的平面分段、曲面分段、上层建筑分段中去,使之能协调地分道生产。

船体分道作业流程主要分为零件切割加工作业流程、部件装配作业流程、组件装配作业流程、分段装配作业流程、总段组合作业流程、船坞搭载作业流程。

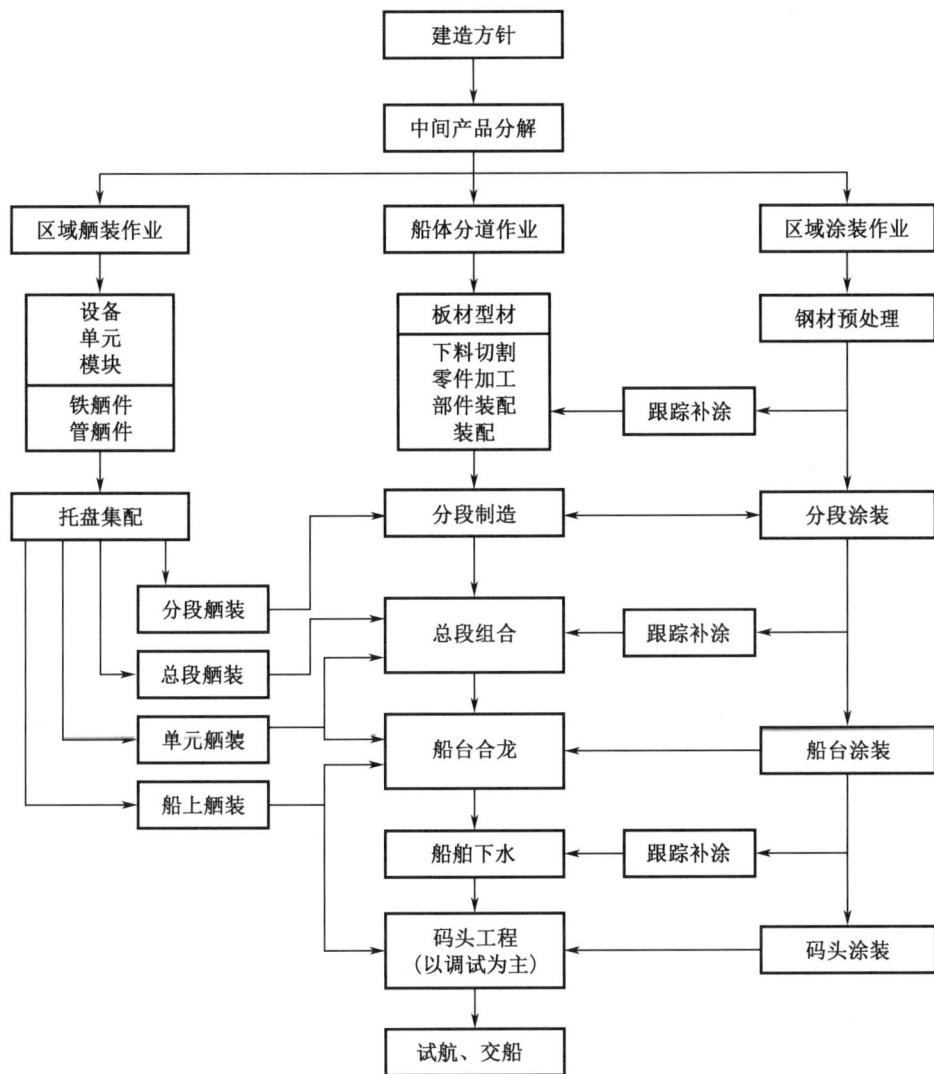

图5-1　船舶建造工艺主流程

船体分道作业流程的基本要求是：

(1)以船体分段作为分道作业的基本生产单元；

(2)对各类船体分段在各个分道上进行并行作业；

(3)各分道作业最大限度实施流水线作业或专业化生产。

5.2.1.2　区域舾装作业

区域舾装作业是把整艘船按空间而不是按系统划分成区域,除考虑船体建造的分段区域外,还可以自由确定最能适应舾装作业的区域。对于属于某一个区域的所有舾装件,按分段舾装、总段舾装、单元舾装、船上舾装四个作业阶段进行舾装件安装。

区域舾装作业流程主要分为托盘集配流程、单元舾装流程、分段舾装流程、总段舾装流程、船上舾装流程。

区域舾装作业流程的基本要求是：

(1)以托盘、单元、模块作为区域舾装的基本生产单元；

(2)按船舶"结构特征"划分区域，即机舱区域、艏艉区域、甲板区域、上层区域、货舱区域、特殊区域等；

(3)各安装阶段以中间产品为导向组织物流，实施管舾件托盘、铁舾件托盘、单元模块托盘等托盘配送，从而形成物(托盘)的流动，实现人员和作业场所相对固定的准流水线作业方式。

5.2.1.3 区域涂装作业

区域涂装把传统集中在船台或码头进行的涂装作业，尽可能转移到船体作业和舾装作业区域内进行，并且协调安排，在分段装配和分段舾装之间实现壳舾涂的一体化作业。

区域涂装按船体分道作业和区域舾装作业的不同工艺阶段，分为钢材预处理、分段涂装、船台涂装和码头涂装四个作业区域，并依据作业需求开展跟踪补涂。

区域涂装作业流程的基本要求是：

(1)按船体建造和区域舾装作业流程划分区域；

(2)按区域"所需涂装部位"划分阶段；

(3)采用跟踪涂装方式，使涂装作业渗透到船体作业和舾装作业区域内，并在生产设计中周全地考虑时间节点、材料选择、质量标准、作业方式等，以实现真正的区域涂装。

5.2.2 船舶建造工艺主流程优化与改进

5.2.2.1 工艺主流程优化与改进的原则

随着船舶智能制造的发展，智能制造装备和信息通信技术在传统的工艺流程中不断融合和应用，在其优化和改进过程中需要坚持以下几条原则：

(1)科学合理的总体布局

在合理分解船舶制造中间产品的基础上，围绕整个造船作业的工艺流程，规划出每个中间产品的生产车间、大分段的组合场地、大合龙的船坞和船台，以及产品舾装码头的合理位置，从作为起点的钢料进入的材料码头，一直到作为终点的产品交付的舾装码头，其全部整修过程均在生产区域内进行，通过科学、合理、系统的资源配置，来实现最佳的综合工艺布局。

(2)中间产品的合理分解

船舶制造中间产品的合理分解，主要是根据成组技术相似性原理来进行的。统计汇总相关的工艺技术数据，再进行科学的物量分析，遵循逐级制造中间产品的原则，把分段建造、区域舾装以及区域涂装的现代化船舶制造方法，作为造船工艺流程的基本规划准则。其整个工艺流程的规划，将完全依托现代化船舶制造方法。

（3）均衡、协调的工艺流程

关于船舶制造工艺流程的总体布置，其主线通常是：钢料加工→分段建造→涂装和舾装作业→大分段组合→全船大合龙。而管子加工、模块制造、机械加工以及其他内场加工则为辅线，运用科学的工艺流程分析方法进行综合布置，最终形成壳舾涂三大作业科学、均衡、协调的工艺生产流程。

（4）保持不同作业区连接便捷性

在优化单独作业区工艺路线的同时，还应保持不同作业区域连接的便捷性，按照运输量最小、工艺路线最短、单项循环的原则，提高经济性，全面实施固定的工艺路线，以保证作业顺畅和运输便捷。

（5）注重生产过程的效率与效益

生产技术准备工作既要满足生产的需求，同时也要考虑减少中间堆放场地和仓储资源，减少中间产品的存储和停留时间，保持生产的节奏性，维持各项场地资源面积的合理比例，以提高企业的综合效益。

5.2.2.2　工艺主流程优化与改进的方法

流程的优化与改进路径分为以下三步：首先是船舶主工艺流程的三维建模；其次是对数据进行采集；最后是确定现有流程的痛点并进行仿真优化及改进。

（1）船舶主工艺流程的建模

船舶主工艺流程的建模主要是依据船厂的船舶建造工艺流程，将工艺流程数字化、模型化，支撑主工艺流程的数据分析和仿真优化。

①建立仿真模型总体框架

建立仿真模型总体框架可参照车间的平面布置图，按实际位置排列设备对象。由于eM-Plant 具有可继承性和层次性建模的特点，因此针对离散生产系统产品工艺的复杂性，可将生产过程数字化仿真模型分为两个层次。主层次描述车间的宏观布局，在生产系统参数调研分析的基础上，建立生产线上包括各类机加设备、热处理单元、表面处理单元以及外协单元等的所有实体信息；子层次具体描述工作站的功能和属性，以保持模型主界面的美观和整洁。

②定义工作站的属性

工作站属性分为通用属性（如缓冲区容量大小）和基于加工对象的属性（如加工时间、准备时间）两类。前者可在工作站属性对话框中直接定义，后者可以在 Tablefile 中描述，由加工设备读取。

③运用控制语言实现复杂的系统逻辑

基于离散生产系统的复杂性，单纯的面向对象的仿真建模手段已经不能满足系统需要，必须借助 Simtalk 语言实现一些复杂的实体行为，使之符合实际生产状况。这些实体行为包括：

a.多品种混流重入调度策略

同一工位时常要加工同一产品的多道工序。因此，多品种混流重入调度成为处理此类系统生产调度的一个重要问题。完成多品种混流重入调度要经过以下两步：

（a）对设备而言，设备通过对加工对象属性的识别，判断加工对象的产品类别及具体工序，从而调用已设定好的工艺数据资料，完成作业任务；

（b）对加工对象而言，需根据不同产品的不同工序重置加工对象的属性，如加工对象的名称、质量、长度优先级等，其基本原理为：在产品进入加工流程前对其某项属性赋初值，然后在重入生产前对加工对象的属性进行重置，如为多次重入生产则将属性设定为各不相同的值。

b. 多品种混流批量控制策略

制造过程中，为了充分利用设备能力，降低物流设备负荷，部分工序需以固定批量为单位进行加工。由于产品品种和批次更换需要不可忽略的准备时间，因此，必须考虑到此类系统多品种混流的批量控制。完成多品种混流批量控制需经过以下三步：

（a）需要对加工对象重新设置一些特殊的属性，以便分流控制器识别；

（b）按照实际生产计划或状况，设置每一种加工对象的固定批量或加工数量；

（c）由分流控制器（Buffer）识别对象属性，对每一种加工对象进行数量统计，当达到该加工对象的固定批量或者恰好等于该加工对象所属产品订单总量与已完成量之差时，将该对象的计数器重置赋值为初值（初值一般为0），同时移至下一工站，完成混流产品的批量分流控制。

c. 合理的制造资源配置策略

通常根据中间产品的生产情况来设置设备组，比如折弯机组、切割机组、校平机组等。因为设备的更新换代和逐年损耗会造成设备组中各设备加工能力的差异，因此单一的物流控制策略无法保证系统制造资源的平衡配置。调度策略的关键在于优先级的确定，性能较好的生产系统优先级调度策略主要有最小剩余时间策略、负载平衡策略和并行顺流定级法。但这三种方法在闭环生产系统中应用较多，对开环生产系统而言，由于不易保持系统内在制品数量恒定，因此其优先级调度策略无法采用上述方法。由于系统内的设备能力不同，使得各设备优先级也各不相同，因此调度过程中无法确定缓存区的最小剩余时间，也不能单纯考虑负载的平衡，必须寻找一种切实可行的优先级调度策略。采用的优先级调度策略为：

（a）确定系统内设备的优先级；

（b）采用最小在制品策略，将优先级赋予具有最小在制品的缓存区。

④建模实例

在船舶制造过程中，船舶分段装焊车间承担着船舶船体的生产装配和预舾装，是整个船舶生产周期中占用大量生产资源的关键生产场所，要想提高造船效率、缩短造船周期，就要对分段装焊车间的制造任务进行规划，使加工任务快速周转。

先按照分段装焊车间主工艺流程构建模型的整体框架，包括道路系统、设备设施、人员调度系统等，这里的道路系统采用双向车道，不可以超车和错车。

车间的道路系统模型反映分段装焊车间真实的道路系统，与真实道路不同的是，道路上不可有人员走动，道路上运输车的移动和停止均由程序进行控制。运输车的模型与实际

模型的区别是运输车的驱动不需要人来操纵,其工作目的性较强,由程序控制运输任务的执行。

设备设施模型按种类分为装配设备、加工设备。装配设备即把若干个零部件装配成一个整体,例如 T 型材焊接、肋骨框架的拼装、板列的拼装等。

人员调度系统建模是整个建模程序中最复杂的。平面分段生产过程需要焊工、设备操作工、搬运工等各种工种,各个工序之间的人员调配有交集,一个工人可能同时胜任多种任务,但是在一个时间段内只能参加一个工序。

(2)数据采集

①生产流程数据采集

船舶制造属于小批量、多品种生产,船厂实际生产过程复杂多变。如果要根据船厂的实际生产模式,利用软件构建虚拟的仿真制造流程,首先必须准确搜集仿真资料。

生产流程仿真数据的来源是实际的生产制造过程,获取真实的生产数据是抽象出仿真模型基本参数的第一步。实际的生产数据往往没有统一固定的数据格式,生产流程仿真需要在计算机上通过二进制的数据储存方式进行实际模型的构造。实际生产数据通过仿真过程中的演算得出仿真结果,作为实际生产系统的反馈与模拟。掌握制造车间的生产工艺流程、生产调度安排及设施布置是收集生产系统参数的基础工作。数据收集的对象包括各加工单元的加工参数、加工能力、搬运、装夹、卸载、车间生产计划及生产作业安排。

需要收集的数据如图 5-2 所示。

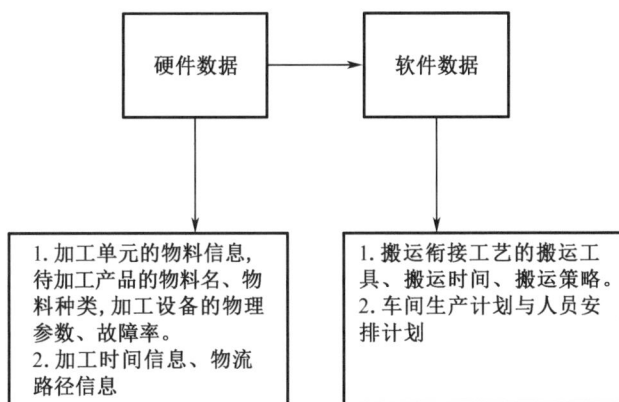

图 5-2　需要收集的数据

为保证采集的数据真实反映实际制造流程,需要综合应用直接测时法、预定时间标准法、工作抽样和数值分析等技术。

其中,设备标准工时的计算公式为

设备的标准生产时间(ST)= 设备正常生产时间(NT)+宽放时间(WT)

测定步骤如下:在生产现场统计某生产工序的精确时间,根据研究对象评价权重系数,计算并修正船舶制造过程中某次加工工艺的正常生产时间;

计算宽放时间,宽放时间的确定需要首先确定宽放率,宽放率为宽放时间与正常时间之比;正常生产时间和宽放时间确定后则可通过上述计算公式得到标准工时。

②生产监控数据采集

需要采集的生产监控数据种类复杂,通常包括:加工制造数据、产品数据、设备状况数据等。若想实现车间设备的集成和统一管理,就要制定一个能够满足于定制化生产需求、统一描述各类设备和需要采集数据的设备信息模型。

离散化生产主要监控数据是过程数据,根据离散化设备数据和数据的读写属性,将现场数据重新划分为:面向生产的过程数据,包括设备运行过程中的状态数据和生产过程中的产品与物料数据;面向服务的配置数据,包括监控端下发的控制指令和生产计划使用的状态控制信息与设备用户参数配置管理信息数据等。

其中,设备状态数据主要有:设备状态运行位置、速度、温度等连续变化的数据,根据配置定时存储数据的实时值;同时设备异常和报警信息设备当前开关状态在变化时进行数据日志存储。

产品生产数据不随时间连续变化,数据采集周期较长,主要数据包括:与生产节拍相关的当前产量、产品检测数据等,通过数据库可存储如产品数据等重要信息。

远程显示控制终端呈现设备当前的控制状态,用于远程监控端工作人员向监控终端设备发送控制数据信息,控制信息主要用于远程的生产任务下发和设备故障的排除。

配置参数信息,可以查询并选取在数据库中预先定义的几组用户参数,远程写入设备控制器。设备厂商和客户可以根据自己的实际生产需求,通过协商约定和变更各个需要采集的数据细节以及数据所在分类位置。监控系统与设备进行数据交互和离散数据存储时,将根据数据不同的分区进行不同的处理。

(3)仿真优化

①仿真优化的流程

应用船舶制造仿真技术优化与改进的流程如下:

a.对生产计划进行检测和预判;

b.对船舶生产车间的生产资源进行优化,解决制造过程中资源约束的问题;

c.设置最优的设备参数组合,使得生产效率最高;

d.确定最恰当的生产序列;

e.对生产过程中的节拍平衡进行分析,改进制约生产效率的落后工艺。

②评价指标

模型的仿真结果要有一个合理的评价指标,船舶建造流程的虚拟仿真是一个宏观的制造过程,各生产过程要考虑生产设备布局、物料堵塞、工位衔接这些实际情况。

一般采用生产线平衡、设备利用率、待加工中间产品等待时间和产出时间作为仿真系统评价指标。这三个评价指标易于观察并且对生产流程的影响较大。

a.生产线平衡

生产线平衡与节拍、瓶颈工位、空闲时间等观察量紧密相关。生产线的节拍是指一条生产线连续生产两个产品完成的间隔时间,也就是生产线上某一个生产设备完成一个产品所需要的时间。生产线节拍计算公式为

$$MT = T_w / Q$$

式中,MT 表示生产线的生产节拍;T_w 表示生产线完成计划任务生产的总生产时间;Q 表示生产线完成的加工产品数量。

瓶颈工位是指一条生产线上生产节拍最慢的环节。生产线上出现的瓶颈工位,严重制约生产线的生产效率,也会对其他生产工位产生负面影响。

影响船舶制造生产线平衡的另一个关键数据是生产线的空闲时间,例如在分段装焊阶段,因分段体积、质量较大而实行固定工位的生产方式,焊接完成后才会将分段运送至船坞合龙,这里的运送平板车等待分段焊接完成的过程就是平板车的空闲时间,即在平板车理应工作的时间内没有执行有效的工作。空闲时间不仅包括设备的空闲时间,也包括人员的空闲时间,如机舱分段的预舾装需要将机舱的舾装单元安装完成后才能进行焊装,焊接人员的等待时间则形成相应的空闲时间。在一个生产流程中,各个工序的节拍不一致,瓶颈工序以外的工位就要产生等待时间也就是空闲时间,整个工序的加工空闲时间越小,则说明生产线的运作效率越高。

生产线平衡可以用生产线平衡率、平衡损失率和平滑性指数来比较和评价。生产线平衡率(P)的计算公式为

$$P = \frac{\sum\limits_{j=2}^{n} T_j}{m \cdot \max(T_i)} \times 100\%$$

式中,P 代表了生产线连续生产的平衡状况,可以评价生产线的平衡损失率 $d(d=1-P)$;$\max(T_i)$ 代表生产线中最大的工位作业时间,即瓶颈工位时间。

平滑性指数(SI)的计算公式为

$$SI = \sqrt{\frac{\sum\limits_{i=1}^{m}(CT - T_i)^2}{m}}$$

式中,SI 表示生产线上各个工序设备加工时间的偏离情况,例如制作一个甲板舱口围栏处的 T 型材,需要钢材切割、钢材打磨、焊接、矫正四个加工设备,四个加工设备在各自工序的耗时不是相等的,其四个工序耗时的偏差就用 SI 来衡量,如果偏差过大则说明生产过程中出现了相应的瓶颈,生产连续性和均衡性较低。

b. 设备利用率

设备的利用率是指机器实际工作时间与全部工作时间之比。

$$n = \frac{\int_0^T (B) t \mathrm{d}t}{T}$$

式中,T 为设备运行时间,设备在 t 时刻忙为 1,在 t 时刻闲为 0。

设备运行利用率与生产线平衡紧密相关,单个设备利用率过高,容易造成产能过剩或者出现瓶颈工位。对船舶生产过程中的实体工序进行设备利用率的统计,从钢材预处理中心的数控切割设备、等离子切割设备、光电切割设备开始,包括分段装焊车间里的行车利用率、焊接设备利用率、平板车利用率统计,如果设备的利用率相对于同一生产线上其他设备

利用率过高,则说明该设备出现了瓶颈,需要降低其使用的热度,如果设备的利用率过低,则表示设备的能力没有得到有效发挥,可以增加作业数量或者改变其他设备利用率,使得生产线各个设备的利用率保持一个相近的范围。

c. 待加工中间产品等待时间和产出时间

在制品在工序间加工时,从一个工序加工完成到下一个工序加工开始,中间的时间间隔是工件的加工等待时间,在制品在生产过程中的等待时间对设备的利用率和生产节拍有重要的影响。对于船舶这种大批量生产的制造过程,增加在制品等待时间,会造成生产车间空间资源的占用,严重影响生产调度。船舶生产过程中 n 个小组立工件需经过 m 个工序阶段,则该生产线总等待加工时间 t 计算公式为

$$t = \sum_{j=2}^{m} \Big[\sum_{i=1}^{n} (S_{ij} - C_{ij}) \Big]$$

式中,$S_{ij} - C_{ij}$ 表示工序间的储存时间,所以 j 从 2 开始计算。

5.3 船舶智能制造工艺与装备体系以及关键技术

5.3.1 国内外船舶工艺与装备体系发展现状

国外船厂拥有 CAD/CAM 集成自动套料、等离子/激光及机器人切割、水火弯板自动加工机(日本数控水火弯板成型率已经达到 80% 以上)、激光线加热系统(美国双向弯曲弯板厚度可达 25.4 mm)、钢板柔性加工成型生产线、部件装配流水线、焊接小合龙装焊机器人群,并拥有机器人、构架自动安装、激光检测的平面分段装焊流水线、曲面分段生产流水线等工艺装备,整体机械化、自动化、智能化程度高。

我国船舶工艺装备正处于从机械化、半自动化向数字化、智能化工艺装备过渡的阶段,数控切割设备、数控成型设备、自动化焊接设备已逐步得到应用。在自动化流水线方面,我国骨干造船企业已广泛采用钢材预处理流水线、T 型材流水线、平面分段流水线、管子生产流水线等工艺技术和装备。

我国工业机器人技术尚未成熟应用,且设备投入巨大、维护困难。我国造船企业工艺装备数字化、智能化发展速度较为缓慢,主要存在以下几个问题:

(1)数字化、智能化柔性生产线覆盖程度低,大多数只达到了单项数字化水平,出现工艺装备和生产线空白,如零件打磨装备、曲面分段智能化生产线等,没有实现全面的数字化;

(2)设备的应用与国内设计、管理方式等不匹配,如平面分段流水线节拍与整体节拍不匹配,实施效果不佳;

(3)在自主研发和创新上比较匮乏,大多数工业机器人和流水线均为国外引进,生产线的维护和应用无法适应国内船厂的生产需求。

5.3.2　国内船舶智能制造工艺与装备体系及关键技术

5.3.2.1　国内船舶智能制造工艺与装备体系

立足国内船舶工艺与装备数字化和智能化的需求,结合国内外先进工艺装备的研发和应用现状,总结归纳出我国船舶智能制造工艺与装备体系。

船舶智能制造工艺与装备体系从作业类型和工艺阶段两个维度进行构建。船体作业类型主要包括船体零件加工、中小组立、分段制作、总组、船台/船坞搭载及码头等工艺过程;舾装作业类型主要包括材料仓储配送过程、管子制作、铁舾制作及电舾制作等过程及部件舾装、分段舾装、总组舾装、船台/船坞舾装和码头舾装等工艺过程;涂装作业类型主要包括钢材预处理、分段涂装、各阶段跟踪补涂等工艺过程。船舶智能制造工艺与装备体系如图 5-3 所示。

5.3.2.2　船舶智能制造工艺与装备关键技术

(1)船体建造

①钢板堆场智能行车调度技术

智能行车应用数据采集与无线通信技术、调度算法与仿真优化技术等,考虑钢板集配计划管理、堆场立体库位管理,选取合适的硬件部署,包括传感器、网络设施、服务器、移动终端等,以及软件系统安装调试,并与其他信息系统集成联调,通过信息模型、网络配置、数据采集与传递等应用场景分析,优化行车作业调度流程,借助虚拟仿真技术实现钢板堆场智能行车调度。

②型材切割离线编程技术

针对船体型材端切形状以及几何参数繁多的特点,将各种图形预先进行编程,并纳入程序库,切割时直接调用,也可修改,无须示教,可达到快速切割的目的。程序库含有两种:一种是基本特征程序库,包括一些图形的基本元素;另一种是标准图形程序库,包括型材的各种常用切割图形或切割样式。

③数控胎架技术

数控胎架是将设计曲面线形数据输入,由计算机控制,工业总线与以太网相联合通信,伺服电机驱动,实现了工程环境下数百个支撑点的精准快速调形,解决了船用常规模板胎架建造周期长、耗材多、通用性差以及外场闲置胎架堆积严重等问题。

④水火弯板机器人技术

通过曲板参数预报系统,加工钢板前首先确定钢板位置及钢板形状参数,并根据每张钢板的信息建立板材模型,再根据板材加工需求计算加热板材参数。应用水火弯板智能机器人控制系统时,智能机器人采用龙门式结构,沿两条轨道运动,加工钢板时根据专家系统提供的工艺参数对钢板进行热加工。

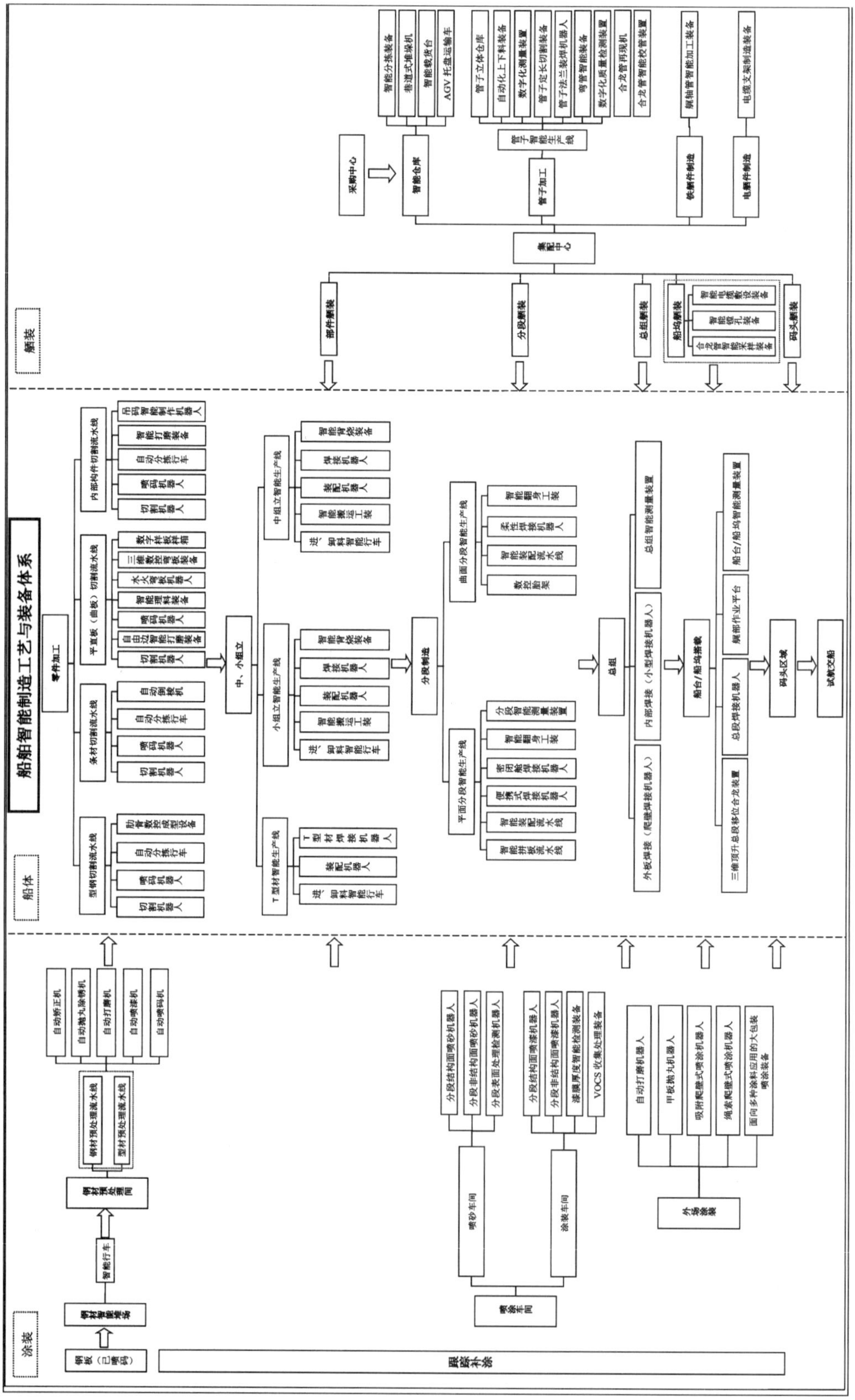

图 5-3 船体智能制造工艺与装备体系图

对于水火弯板机器人的研发应用,采用人工智能和专家系统是必然的发展趋势,应该着重研究机器人设备和软件整体方案,使其成为具有加工成型、自动测量、计算优化功能的完整系统,将先进的测量感知技术、嵌入式技术与大数据系统相结合,不断提高机器人的智能化程度和加工性能,实现曲面外板的自动化加工。

⑤打磨力位自适应控制技术

打磨作业的特点之一是打磨刀具与构件边缘产生力接触,接触力太小达不到打磨效果,接触力太大可能损坏刀具。通过把打磨刀具与构件接触的位置参数作为控制的主要变量,建立打磨力位感知模型,将机器人末端的"力"误差模糊化处理为机器人"位置"控制器的补偿值,在保证机器人原有位置控制策略的条件下,利用多项式插补实现打磨路径优化,提高打磨作业的可靠性与精度。

⑥视觉识别技术

应用视觉识别技术,将视觉传感系统摄像机安装在流水线移动门架上,通过移动门架对辊道上的船舶小组立构件、中组立构件、曲面结构件等进行在线扫描,获得大量点云数据,获取工件图像;对图像进行预处理之后,分割图像,识别出装配完成的焊接小组立;通过抽取特征得到小组立特征轮廓,利用模式识别与模型库小组立相匹配。

⑦焊接机器人自适应编程技术

针对船体结构(部)件多品种、小批量的典型特点,以模型驱动的机器人离线编程技术只能实现对模型库包含的船体结构(部)件进行机器人生产作业,在模型库以外的船体结构(部)件则无法直接使用,而基于视觉识别的焊接机器人自适应编程技术可以解决这个问题。

焊接机器人系统自动对视觉识别系统获得的大量点云数据进行处理,并进行降噪算法设计,将处理后的点云数据进行模型重构,结合路径自主规划系统,确定船体结构(部)件焊缝的初始位置,自主规划生成机器人的作业路径。再结合焊缝端头精确定位系统,自动匹配机器人的工艺数据信息,实现机器人焊接程序的自动生成。同时应用基于知识系统的焊接工艺决策系统,匹配和调用机器人焊接工艺,并在机器人仿真软件环境中进行碰撞和奇异点检测,从而自动生成机器人焊接作业。

⑧基于特征值提取与深度学习的智能检测评定技术

针对制造过程中检测数据分析评定以人工为主且数字化程度较低的问题,采用基于特征值提取与深度学习的智能检测评定技术,通过模式识别、神经网络等算法,分析智能制造过程中形成的海量标准化检测数据,形成自动缺陷识别与评定算法,自动评定检测结果,建立数据交叉对比模型,减少人工判读的主观性影响,提高检测结果的可靠性。

(2)管子加工

①管法兰组对视觉测量技术

机器人管法兰智能组对焊接主要体现在能够使不同的目标对象(主要是管件及其匹配的法兰)实现柔性识别与智能组对,结合所识别对象的公差及基准坐标在组对系统中进行实时标定,来实现整个系统物理空间的统一。

基于嵌入式技术实现管件外径、圆度以及中心坐标在线图像检测。CMOS 图像传感器采集的管件图像信息转化成数字信号传输到存储器中,再由 ARM 处理器进行图像处理和分析,判断产品的尺寸公差与形位公差。同时,通过对图像 RGB 3 个分量图的分析,挑选合适的分量图进行二值化处理,定位出中心圆孔和法兰安装孔,屏蔽掉无须处理的区域,保留感兴趣的区域,最终实现了对法兰的实时在线检测和标定。

②管法兰机器人焊接同步技术

管法兰机器人焊接系统要保证内外焊接的同步性,所有主要部件具备互联和通信能力是系统集成的关键,快速准确、稳定可靠的系统通信是实现焊接任务调度分配,机器人状态、位置检测,远程控制及双机协调运动的前提。四台机器人(两台完成外焊缝,两台完成内焊缝)采用集散控制策略和网络通信技术来保证不同焊接机器人的协调控制。双控制系统(内外各一套控制系统)采用主从协调运动控制方式,在主从协调控制过程中,控制中心需要实时采集主机器人的当前位姿和机器人工具坐标系(TCP)末端运动线速度,并按照实际约束条件计算出从机器人运动的目标位姿。在焊接过程中结合不同管件内外径从程序中调用相关的焊接工艺参数,从而保证机器人在相同位置调用相同的焊接参数、送丝速度,以达到内外协同焊接的目的。

③基于视觉识别的智能化管法兰焊接技术

针对船舶建造中管加工种类繁多、部分具有批量的特点,通过视觉识别系统对船用管法兰的焊接过程采用法兰视觉识别、管法兰装配中心识别、智能化自动焊接,实现管法兰从装配到焊接的智能化加工。

(3)涂装作业

①分段悬臂式多自由度智能喷涂技术

船舶非结构面悬臂式多自由度喷涂机器人及其伺服控制方法,能够依据喷涂表面自规划调节喷漆轨迹路径、自调取工艺参数,解决了船舶非结构面数字化喷涂需求,实现喷涂质量和成型效果的数字化控制。

具体而言,通过在线测量系统对工件实物特征轮廓进行测量,自动或手动示教识别避让孔、判断表面突变结构,实现纵向、横向、斜向等多模式喷涂路径的自动规划;通过定点控制坐标技术,实现船舶非结构面曲面示教、设备运行状态监控和参数修正,构建多自由度自动喷涂示教系统;利用喷涂枪头自动清理机构,通过仿真自动转向机构设计,实现喷涂枪头定位、定时自动清理;在服务器中建立数据库(喷涂工艺规范库、喷涂路径规划、产品型号等),通过上位机和 PLC 使自主研发的自动喷涂设备可以自由地接收和上传数据,实现上位机指挥下的网络化自动喷涂生产。

②基于特征提取的带结构面分段喷砂机器人喷砂工艺技术

针对船舶分段在冲砂过程中存在结构相对封闭区域积砂、结构隐蔽区域难以到达等诸多自动化冲砂的难点与痛点,应用基于特征提取的带结构面机器人喷砂工艺技术,实现带结构面分段机器人喷砂作业。

首先,对于大型分段工件摆放位置以及带结构面分段结构特征,喷砂机器人多途径寻位技术方案,解决了典型带结构面分段最大喷砂覆盖面起点确定难题,实现工件喷砂位置自动识别。

其次,基于大型分段结构面典型避让孔、突变异性结构特征,依据不同特征制定对应的喷砂避让策略,形成喷砂机器人自动识别、自动避让技术方案,实现复杂特征表面下的机器人自动喷砂。

将机械手与循环式喷吸砂设备进行集成,围绕带结构面分段表面处理领域,开展不同工艺参数条件下的喷砂除漆、除锈工艺试验;基于板材表面粗糙度、洁净度与压缩空气压力和流量、磨料种类、砂管长度等的对应关系,形成工艺数据库;通过路径规划策略,使喷砂机器人能够依据工件特征自主组合优化喷砂路径,实现喷砂轨迹自主规划。将三维模型识别、喷枪空间定位等算法进行集成,实现带结构面分段机器人喷砂作业。

③涂装机器人在线避障技术

由于船舶分段构件复杂,工件表面存在曲率、形状变化大,结构上有开孔、筋板、支撑等表面奇异部位,加之机器人自身关节较多,因此在进行结构喷涂时,机器人很容易与结构物或周围环境中的障碍物发生碰撞。采用高灵敏度的防碰撞传感器,在机器人的关节处安装多传感器感知现场环境,避免碰撞。同时,采用基于模型信息的仿真技术,在电脑中重构结构奇异部位及环境障碍物的形状与位置,通过规划表面奇异部位的轨迹,去除障碍部位的喷涂轨迹,联合多传感器感觉技术来实现在线主动避障。

④带结构面分段喷涂机器人喷涂轨迹规划及优化技术

针对带结构面分段在喷漆过程中存在结构相对封闭区域油漆流挂现象、结构隐蔽区域喷枪难以到达等诸多自动化喷漆的难点与痛点,首先利用有限元仿真软件,建立喷漆流场仿真模型,获得气体的压力场和速度场的分布以及油漆的运动轨迹、速度和动力特性的变化规律。分析喷枪直径、形状对喷漆流场的影响,考察喷漆流场的压力、速度对喷涂效率的影响规律。

在已有的喷漆设备的基础上,搭建喷漆试验平台,利用各类传感器对喷漆压力、速度,喷枪距离等参数实时监测。针对不同的加工对象,根据检测结果,分析工艺参数对喷漆质量综合评价指标的影响规律,获得工艺参数组合,形成机器人喷漆工艺参数数据库。

对于喷涂机器人喷枪最优轨迹规划问题,利用已有的涂层累积速率数学模型,以采样点上的涂层厚度方差最小为优化目标,在对简单的平面以及规则的曲面喷枪轨迹优化问题进行分析后,提出自由曲面的喷枪轨迹优化方案,通过分析喷涂过程中各个可控参数对喷涂效果的影响,建立自由曲面上涂层厚度数学模型,选取时间最小和涂层厚度方差最小作为目标函数,对沿着指定空间的喷枪路径轨迹进行优化,按照曲面拓扑结构建立评价函数,对曲面进行分片操作,实现大面积的复杂曲面上的自动轨迹优化。

结合涂装任务需求,从信息平台提取需要的数据,根据数据进行坐标转换,实现机器人初定位。采取相应技术手段,实现带结构面分段涂装信息提取。机器人结合当前定位、任务需求及工艺需求,开展运动轨迹规划,将涂装区域任务进行分解编码,完成涂装工艺参数的自主编排及执行工作。

⑤绳索爬壁式机器人的稳定控制技术

针对绳索爬壁式机器人采用具有柔性和弹性的绳索进行驱动,不可避免地会带来运动过程中的振动这一问题,首先建立宏微索机构两者的分离模型,其中,大跨度索机构建模时需考虑绳索自重引起的下垂效应,微机器人的动力学建模主要考虑绳索的弹性变形;基于绳索爬壁式机器人的动力学模型建立其振动方程,利用数值法和解析法对振动方程进行求解,获得机器人低阶固有频率、模态和刚度分布;针对绳索爬壁式机器人在运动过程中潜在的振动问题,采用多种抑振策略相结合的主动抑振方法抑制其振动,保证终端精度,最终实现系统的快速稳定,保证系统安全。

⑥绳索爬壁式喷涂机器人高效高质量喷涂轨迹规划技术

现有的机器人喷涂方法均为基于法向偏移的包络重构轨迹喷涂,其轨迹规划效率低,喷涂效率也难以发挥索机构的优势。因此,需要建立兼顾效率、质量和稳定性的索机构喷涂轨迹规划方法,实现机器人终端拟人化的高效摆动式喷涂,充分发挥索机构工作空间大的特点,实现高效、高质量喷涂。针对典型的片区形貌,基于涂层厚度和均匀性要求及摆动式喷涂的涂层生产模型,探索涂装过程中喷枪姿态和运行速度的轨迹优化求解原则与方法,确定往复摆动式高效涂装轨迹的关键控制点。并根据涂层厚度和质量等工艺要求,结合工艺试验,确定喷枪运动速度、角度、扇形、流速和搭叠要求,在操作空间中对涂装轨迹进行综合调整,形成一套兼顾涂装质量与效率的摆动式轨迹规划方法。

⑦爬壁机器人自动喷砂打磨除锈技术

应用焊缝位置定位及跟踪技术,采用 CCD 视觉结合激光结构光技术实现焊缝的辨识和定位,对拼焊焊缝进行表面除锈处理,同时应用爬壁机器人的磁吸附装置优化设计技术,采用自动喷砂打磨除锈设备,进行船体外板大面积的除锈和表面处理,同时优化磁吸附单元的合理布局,提升系统的越障能力和对壁面的自适应性,提高爬壁除锈系统在高空作业全方位移动的稳定性。

⑧复杂喷涂表面拟合与超大喷涂表面划分技术

由于测量误差、工件几何尺寸与定位误差、装配误差的影响,针对复杂表面的智能喷涂,通过依据复杂喷涂表面的几何信息、基于微分几何学实现机器人末端运动曲面拟合与模型的数字化。根据拟合曲面的几何信息特点,结合工艺要求及实际条件,对所得到的拟合曲面进行涂装区域分块划分。每一个微小的喷涂区域,视同于机器人所能覆盖的最大位姿曲面,多个微小的喷涂区域组成一个连续喷涂的面积单元。

⑨外场喷涂 VOCs 排放控制的高压无气喷涂技术

在高压力比涂漆系统中,开发高压、大流量气动马达并通过流量模型预测提前控制换向阀实现供漆的快速响应,并采用复合材料加压铸铝的内外双配气块实现换向活塞的快速散热与结冰保护;同时为保证双组分的配比质量,采用位移计量方式与中间桶动态搅拌混合的智能输送搅拌结构,配置压力传感器检测高压部分实时压力,并通过前置流量控制阀实现流量的快速调节;另外开发空气辅助喷枪,通过专用结构的空气棉实现低压的二次增压,并通过在出口配置喷雾调节机构,实现喷涂的控制与飞溅拦截。

5.4　工业机器人和智能化生产线的应用

以下针对几类典型工业机器人和智能化生产线的应用进行说明：

（1）焊接机器人

船舶焊接技术是船舶建造主要的关键工艺技术之一，焊接工作量占比很大，而机器人的应用可以满足长时间高质量作业的需求。焊接机器人可以广泛应用于船体建造过程中的零部件焊接、平面分段焊接、曲面分段焊接、总段合龙焊接等各个阶段。目前我国焊接正处于由半自动化转为自动化的阶段，智能化程度还很低。尤其是在曲面分段的焊接中，曲面外板的拼接和骨架装焊自动化程度很低，平面分段的格子间焊接自动化程度较低，各种舾装件的焊接自动化程度也较低。

（2）水火弯板机器人

水火弯板是船体双曲率、大曲率板加工成型采取的热加工方法。水火弯板是根据钢板受热后冷却产生的局部热弹塑性收缩变形的原理，对钢板进行线状加热再在加热部位浇水急剧冷却，并经过测量和反复修改而形成三维曲面外板的工艺方法。这样复杂的工艺原理导致了其目前主要依赖工人手工加工成型的现状，并且其测量过程也普遍采用工人手工卡样板的方式，再凭经验补火修改，自动化程度相当低，费时费力，是目前船体建造流程的"短板"，制约了船舶建造工艺流程整体效率的提高。国内外对于水火弯板自动化加工设备的研究已经开展了很多，从加工成型设备到自动化测量技术，虽然已经初见成效，但能够真正投入应用的并不多。

未来对于水火弯板机器人的研究，主要应该关注对基于热弹塑性机理的水火弯板加工机器人设备和软件的一整套系统的研究，使其成为具有加工成型、自动化测量、计算优化功能的完整系统，将先进的测量感知技术、嵌入式技术和大数据、专家系统相结合，不断提高机器人的智能化程度和加工性能，逐渐替代人工，形成曲面外板的自动化加工。

（3）涂装机器人

船舶的涂装作业主要分为表面除锈清理和喷漆，表面的除锈清理主要分为两个阶段，一是原材料的表面预处理阶段，二是分段装焊完成后的二次清理和除锈，以及船台涂装、码头涂装等。对于原材料的表面预处理已经形成了较为成熟的流水线，而船体分段涂装、跟踪补涂阶段的自动化水平还相对较低。船体分段涂装的工作量占全船涂装工作量的65%以上，因此其自动化水平的提高对于全船涂装效率的提升具有重大意义。国内一些骨干船厂在分段涂装工厂配备了磨料自动回收、自动喷漆、自动除尘装置，以及温度、湿度自动控制装置等，大大提高了涂装工作效率和质量。

涂装机器人主要有爬壁除锈机器人和爬壁喷漆机器人，二者都采用爬壁运动的方式，除锈机器人采用超高压水射流的方法对表面进行除锈、除油、除污，并同时真空抽干并回收废水废渣。爬壁除锈、喷漆机器人的应用对于造船企业涂装效率的提高具有长远意义，不仅可以把工人从高危险、高污染的环境中解放出来，更能够保证在任何情况下的除锈喷漆质量，满足国际上对涂装工艺越来越高的要求。但这类机器人基本还处于研究阶段，主要

还需要克服以下几点难题,才能够真正大规模应用:

①提升除锈喷漆爬壁机器人的容量和工作效率,使其更能适应船体这样的大面积作业;

②简化机器人结构,减轻涂装机器人本体质量,降低制造和维护成本;

③提高机器人适应船体复杂曲度的灵活性,使其能在竖直壁面、复杂曲面上自由爬行,当然也可以突破现有爬行运动方式的思路,采取机械臂、立式行走等方式来提高机器人的工作能力。

(4)曲面分段流水线

船体分段按几何形状可以分为由平直列板和骨材组成的平面分段,以及由曲面列板和骨材组成的曲面分段。曲面分段和平面分段的作业形式类似,主要包括钢板预处理、拼板焊接、装配焊接、预舾装、完工监测等。但曲面分段工艺复杂度要比平面分段大得多,精度很难控制,且一般质量较大。

因此,目前国内先进船厂虽已建立了平面分段流水线,但大多是从国外引进,并且在构件装焊过程中基本都是以人工焊接为主,自动化程度较低;而在曲面分段流水线的构建上还处于空白,仅仅采取了工位固定,人员、工具、设备按照作业小组的组织形式进行移动,类似流水线的虚拟流水线的管理方法来提高曲面分段制造的效率。而日韩先进造船国家已经实现了柔性化和自动化程度很高的曲面分段流水线制造。

图5-4所示为国外典型的曲面分段流水线,由拼板、构架安装、构架电焊等几个工位组成。将分段放置在胎架上,胎架再固定在移动小车上,分段随小车移动,而作业人员固定,各工位节拍相近,形成了流水化作业方式,极大地提高了曲面分段的制造效率。

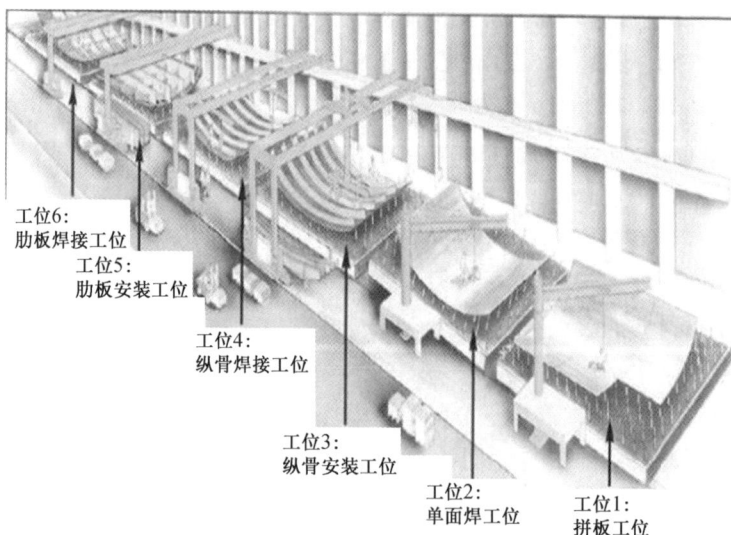

图5-4 国外典型曲面分段流水线

我国应该借鉴国外先进成果,结合自身实际,填补曲面分段流水线的空缺,实现曲面分段柔性自动化生产。首先,从硬件装备上,构建曲面分段流水线需要突破的技术难点有钢板和型材的冷热成型加工技术、曲板测量技术、数字化胎架技术、曲面分段自动化焊接技术等；从管理上，需要重点发展的技术有零部件托盘精细化配送技术、曲面分段中间产品划分和成组技术、曲面分段精度控制技术等。在突破了以上智能化装备和技术以及先进的管理技术的前提下，优化曲面分段分道建造流程，实现节拍化的柔性化流水线生产模式。

(5)管子加工生产流水线

在船舶建造过程中，管子加工以及后续安装等工作，大约占据了建造总工时的10%左右，对整个产品的周期、质量等有着较为深入的影响，一艘万吨级别的船舶，其管子数量多达万余根，所以在船舶建造过程中强化管子加工生产流水线有着极为重要的意义。通过管子智能生产线的应用，实现从原材料进料到成品完成的自动化生产，如图5-5所示。

图5-5 武船重工管子生产线

①生产流程的编排

要想完成理想化的生产目标，那么针对船舶管子加工生产的内容，相关管理人员应该突破传统工艺路线的框架，对当前船舶管子加工工艺流程的几个生产环节进行适当的改进。例如传统的弯管加工二次下料先弯管后焊接的工艺内容，可以简化为一次下料先焊接后弯曲的工艺内容，进而对整体的生产效率进行提升；还有，针对管子车间加工场地分散的问题，也可以对其进行集中化的改造，缩短重复运输的路程，在提升生产效率的同时，也可以减轻劳动的强度。

②生产线的划分

在对加工生产流水线工艺装备进行研究的过程中，明确生产线的划分工作，也有着极为重要的作用。首先，针对各个生产线的实际加工情况，可以为其设定不同通径管子的加工任务，这在划分生产流水线的工作中有着十分重要的作用；其次，要保证设备加工尺度、幅度的合理性,避免设备过度复杂,这样既能保证设备的加工精度,还可以降低设备的投入成本。例如有些船舶管子加工厂将通径为 15～200 毫米的标准管径系列划分为 15～40 毫米、50～100 毫米和 150～200 毫米这不同的三组,保证每条线的加工量处在饱和化的状态,对设备的能力进行充分的利用。

③工位设置

根据实际工艺流程的需求,可以把管子加工流水线分设为下列工位:画线切割工位。主要由管子料架、管子切割机、定长画线装置等组成,其工作任务是进行管子的定长。除锈工位。这个工位上配备有管段除锈剂,保障管段法兰的焊接质量。法兰装备焊接工位。主要配备有法兰装焊机、法兰焊接机等,对管段法兰进行定位、安装和焊接等。弯管工位。主要配备有弯管机,满足不同管子的弯管曲度、转角要求。校管工位。配备有装备校管凭条,对各类支管、定型弯头进行拼装和焊接。当然,在工位设置上,要想达到自动化的目的,还应该设置过渡平台,衔接各个工位。

5.5 本章小结

本章针对船舶智能制造生产模式,提出基于智能生产单元和生产线的工艺流程优化与改进技术,详述了造船工艺主流程的特点、要求及流程优化改进;同时结合国内外船舶工艺装备发展现状,提出船舶智能制造工艺与装备体系,以及装备研发中使用到或需要攻关的关键技术,为我国船舶工业智能化转型提供目标图像,为我国实现造船强国目标提供支撑。

第6章 船舶智能制造管控模式

6.1 概　　述

本章节基于国内外生产管控机制的发展现状,融合智能制造的需求,提出智能船厂生产管控机制与系统需求,并据此开展工程计划管理体系和实时管控机制分析,提出面向智能制造的造船工程计划管理方法和基于物联网技术的全要素实时管控机制。

6.2 智能船厂生产管控机制与系统需求

6.2.1 国内外管控机制与系统发展现状

6.2.1.1 国内外生产管控机制发展现状

(1)国外生产管控机制发展现状

世界造船行业中以日、韩等国造船企业的生产与管理机制最具有代表性。其现代造船模式的生产与管理模型已经固化,并在目前的基础上,开始进入以数字化和信息化为标志的集成制造的精益化、智能化造船阶段。

日、韩造船企业的制造工厂具有相当大的规模和能力,其生产线上的产品制作基本上在工厂内部完成,并且已经形成区域化的专业制造能力。其明显的特点是中间产品的完整性和集成程度较高,流水作业的生产管理精度准确,专业化制作的细分和工序能力的配置均衡合理,配套供应体系完善,生产劳动效率和生产计划控制水平较高。

日本企业总装工厂的船舶加工、制作与装配生产线或生产系统较为完整,除了基本设计和经营部分在总部完成外,其余的生产设计和现场制造均在同一工厂内实现。与生产管理相关的职能管理与生产紧密联系,在管理上形成一个完整的系统,职能的设置与管理界面没有重叠或重置的问题。同时各区域或生产单元的作业与管理目标是固化的,其生产目标实现了专业化和标准化制作。

韩国的造船企业生产管理机制的情况基本类似。但是韩国的企业规模相对较大,其企业管理的所有部门和管理功能几乎全部在企业的体系或工厂以内实现。生产线的配置形成了固定的搭配,不同的生产线原则上针对不同的产品目标或船型目标,生产阶段和工序的作业与管理目标也是固定或标准化的,因此其专业化和标准化作业与管理的程度也相当高。

日、韩两国的造船配套企业或体系的能力和规模较为强大和完整,其自制件和配套件的生产基本上由配套企业以成品件或模块的形式供应总装厂直接上船安装。因此日、韩的船厂实现了其真正意义上的总装造船。

日本造船联合(JMU)有明事业所是一个典型的以中间产品为导向的现代船舶总装厂。即其在内业车间形成完整的分段制造,在加工车间对板材、型材以及小构架的组立加工已经开始分道作业。在进行到分段的装配时,平面分段和曲面分段的制作也在不同的区域分道作业。在外场的外业车间进行分段的总组与合龙。在外场作业的同时,机电车间的舾装件的制作和集配,以及单元制作与安装工事均在不同的相应的区域和场地有计划和有节奏地进行。各个区域的产品目标清晰,流程通畅,各中间产品的完整性在不同的工序都达到预定的目标和要求。通过统一的计划协调的各个工艺阶段和区域的生产物量搭配合理,极少有无效的生产或者说剩余生产的现象出现。生产节拍和建造周期的控制十分严谨,整个生产系统的协调性和一致性达到较高的水平。

日本造船联合(JMU)有明事业所的生产管控机制基本代表了目前国外现代造船企业的现状,具有典型的代表意义。

(2)国内生产管控机制发展现状

国内各船厂的综合能力有所不同,各船厂的生产管控机制也各有特点,但是因为造船的主流程无论从技术还是管理的角度上讲,其基本的生产流程是一致,只是生产管理的范围和幅度,以及企业的规模能力有所差别。因此,生产管控机制的方式基本相同。

以国内主流船厂为例,其生产管控框架体系以生产主管部门统筹整个建造计划排布并协调各生产部门细化成相应的生产计划,部门作业区再根据部门计划将生产任务分解到辖下各班组。在各部门推进自己生产计划的过程中,生产主管部门也参与其间承担整体协调和保障生产大节点的任务。造船企业生产管控的框架体系如图6-1所示。

图6-1 造船企业生产管控的框架体系示意图

在生产管控的运行方式上,各船厂多采用"计划—实施—检查—改进"的持续优化模式,如图6-2所示。

第一阶段:计划(明晰职能)应明确风险管控主体职能。

第二阶段:实施(过程建设)构建风险管控工作流程,明确各过程主要工作内容及实施方案。

第三阶段:检查(考核评审)优化内容及任务的考核,对优化内容及实施方案进行完善。

第四阶段:改进(奖惩改进)建立保障制度,确保安全生产责任体系的实施,推动持续改进。

计划 → 实施
↑ 　　 ↓
改进 ← 检查

图 6-2　生产管控的运行方式示意图

6.2.1.2　生产管控系统发展现状

(1)国外生产管控系统发展现状

近年来,随着自动化、智能化程度的进一步提升,现代船舶信息化在船舶企业制造和决策中的地位日益重要。从先进的发展经验来看,欧美和日韩等先进国家已完成了造船全过程的一体化和集成化的设计与管理,通过精细化管理过程实现企业间的协调合作,初步实现虚拟造船,以企业信息技术支撑来建立强大的生产管理数据库,进一步推进数字化造船技术发展,通过将生产信息和数字技术相结合来改进造船过程,实现造船与数字信息技术融为一体。

韩国三大船厂均结合各自生产管理的特点开发了具有自主知识产权的造船辅助软件系统,对于一些从国外引进的软件系统也进行了深度的二次开发,这些软件系统的应用范围涵盖了船舶设计、生产建造管理、船舶数据管理、供应链管理等领域,其中最具有代表性的是大宇造船海洋开发的 DACOS 系统,如图 6-3 所示。

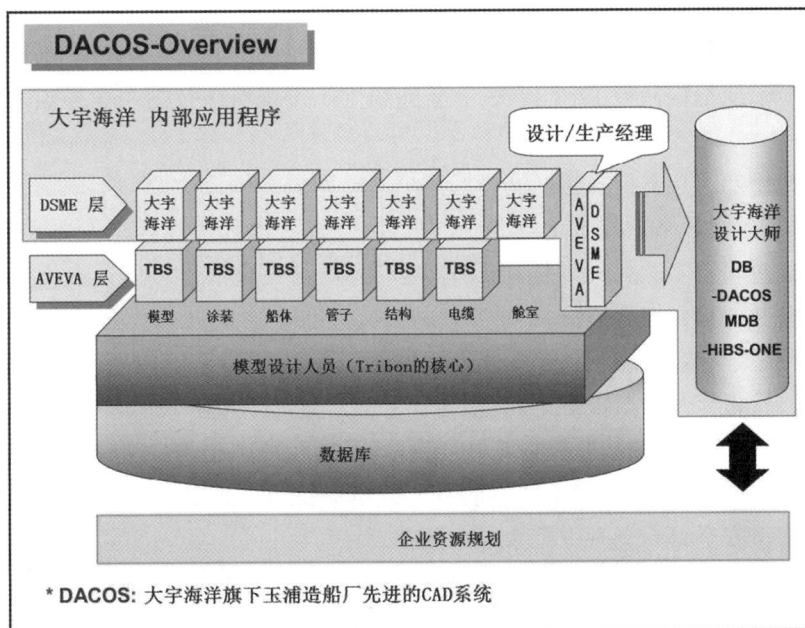

图 6-3　大宇造船海洋 DACOS 系统体系架构

生产管理方面,日本船舶技术研究协会(JSTRA)开发了船厂可视化系统,该系统可综合利用视频、图像、GPS、加速度传感器、RFID、Wi-Fi等多种手段,对生产资源、作业进度和工作人员位置等进行跟踪,通过分析生产作业流程和工人作业习惯,消除生产作业中的不合理性、不一致性和浪费,提高作业效率,实现精细化管理。未来JSTRA还将对该系统的功能进行进一步拓展,包括甘特图自动生成等。

物资和设备管理方面,2016年,大宇造船海洋开发了基于物联网的智能标签位置管理系统。该系统通过安装在生产现场的智能标签自动收集材料和设备的位置信息,并通过无线网传递至管理系统。作业人员在智能手机等终端上可以实时查询材料及设备位置、安装日程、移动路径、周边环境等信息,减少了船舶建造过程中的物品丢失和物料拖期。

供应链管理方面,2018年,大宇造船海洋与其配套供应商Fine Heavy Industries(FHI)联合建成了基于物联网的自动化制造系统。通过该系统,大宇造船海洋可以与FHI实时共享管线、铁舾装件等船舶配套设备的设计和生产信息,大幅减少了返工作业,生产周期可从原先的3周缩减至一半。而且该系统以三维模型为基础,不需要物理设计图纸,可实现生产作业的无纸化。此外,自动化系统还允许用户实时监控生产过程,最终带来产品质量的提升。

(2)国内生产管控系统发展现状

国内某骨干船厂首先引进了韩国GEOSM的CIMS系统,并于2003年正式使用。该厂对GEOSM的CIMS系统进行了消化吸收,通过努力形成了具有自主知识产权的SEM系统,到2009年底,全部从CIMS系统转至SEM系统。目前系统已经涵盖了海工产品、船舶产品以及所有和成本相关的物料的管理,并在CIMS基础上,对系统进行了大面积集成开发,实现了基于任务派工的船舶生产管控模式。

国内某骨干船厂基于精益造船模式要求和水岛计划分级管理的要求,以计划管理、产品数据、成本归集三条主线为核心,集成和扩展各功能模块,包括计划管理、制造执行、成本管控、物资物流、质量检验等12个模块,涵盖造船生产过程所涉及的主业务点,构建造船企业管控平台。

国内某骨干船厂建立了焊接联网管控系统。船舶焊机管控主要包括联网、预设、管控、评估四个方面,运用数字化技术把焊工、焊机、焊材、焊接过程等焊接工作要素有机地融为一个系统。通过联网实时采集焊机的工作状态参数,与预设的焊接工艺数据库进行衔接,对超出工艺参数的操作报警提醒,记录并评估焊接过程质量,逐步从"人管机器"向"机器管人"的智能化模式转变。同时开展了智能联防系统建设,联防系统中的人员定位系统具有人员定位、统计、报警和数据报表等功能;温感系统监控舱内温度场,可预警不正常环境升温;视频监控系统除传统视频监控功能外,还可同温感系统一起与人员定位系统联动,实现现场快速定位与反应;另有围栏系统、周界隔离、低空防御将联防系统功能进一步升级,使高新产品的建造安全得到全方位保障。

尽管系统的引进使国内船厂的生产、管理产生了巨大的提升,但由于国内的管理理念、周边配套、计划执行力度往往无法圆满实现系统的功能,造成系统的功效降低。随着国家智能制造战略的推进,为配合智能装备的运用,各家企业纷纷投入MES系统的研发,以期实现信息系统与智能工装设备的深度融合,逐步进入从CIMS系统向MES系统延伸和发展阶段。目前国内部分船厂正和达索合作推进船厂全业务流程三维化的PLM管理以及MES系统的落地。

6.2.2　智能船厂生产管控系统需求

目前国内主流船厂的生产管控先预排船舶建造总计划,前后道各部门以此为依据结合场地资源、人员配置、设备能力、产能状况等各项生产要素细化排布各自的双周计划和小日程计划等。对比智能化管控的要求,当前生产管控机制下存在一些问题:

(1)智能化的生产管控典型特征一是生产要素实时的动态感知,而当前船厂的数字化装备/生产线少、车间互联互通差、数据采集主要靠人工等现状导致现场生产要素的情况反馈时效性差,降低了生产管控的质量和效率。

(2)智能化的生产管控典型特征二是生产要素实时的智能决策,而当前船厂管控的框架体系中缺少智能决策部分,由于缺少精准的生产数据支撑,生产决策多依靠经验,如各部门排布自己的内部计划时都会放计划余量,此余量根据计划排程者的经验加放,准确性难以保证。

(3)智能化的生产管控典型特征三是生产过程的精准执行,而当前船厂管控的运行方式虽实现了闭环,有效地完成了产品的生产和管控,但由于缺少数据感知采集,即缺少感知层,强化生产过程管控能力不足,因而无法实现生产的精准执行。

(4)智能化的生产管控典型特征四是高度的信息集成,支撑船厂生产管控的有效执行,而当前船厂由于软件系统多,信息孤岛现象突出。保障生产的措施主要为定期检查和召开生产协调会,通过检查发现问题,责令整改或提前介入;通过生产调度会议协调沟通,平衡各方资源,推动生产有序开展,这种监管方式沟通协调效率低,协调会高频率召开,降低了生产管控的效率。

面向这些问题,对面向智能制造的船厂生产管控机制和系统提出了新的需求,即推进基于一体化综合管控平台的动态感知—智能决策—精准执行的生产管控机制。在动态感知方面,构建生产过程数据感知与采集系统,对现场生产要素信息开展准确、及时和动态的有效采集;在精准执行方面,构建车间制造执行系统,对现场生产活动开展过程控制和车间生产的智能决策;在企业智能决策方面,构建企业的智能决策系统,基于企业生产管理数据库、知识库等,配合企业计划资源管理系统,优化调整企业生产管控,实现高效生产。各系统均应高度集成于一体化综合管控平台内。

6.3　面向智能制造的造船工程计划管理体系与方法

传统的船舶计划管理是依靠生产管理人员凭借经验编制的计划,具有粗放、杂乱等缺点,可能会造成计划遗漏、与物资计划冲突、前后道不衔接等问题。且传统的船舶计划管理往往很难反映出造船的实际进度,因为在计划实施过程中,仅凭监造师的经验、资格和能力进行调度和协调,制订计划,尤其是当造船企业面对多个造船项目,并且这些项目都要求大量使用关键资源时,原计划需要经常修改,并且有可能造成项目的延期,造成船厂内各生产车间、部门、工种和船只之间在时间、空间上的矛盾,无法从整体利益角度进行协调。

因此,面向智能制造的工程计划管理需要通过新一代信息通信技术,采集企业级、车间层、班组级生产实时反馈的数据,通过智能决策系统和企业资源计划管理系统,全面实现对计划的编制、执行与控制的信息化管控,使工程计划(线表、大、中、小日程计划)的编制、跟踪与反馈得到有效的统一,不断提高造船工程计划的拉动性、均衡性、柔性和标准,消除传统造船模式的等待、冗余时间,提高生产效率、降低制造成本、缩短建造周期等。

6.3.1　造船工程计划管理基本原则

面向智能制造的造船工程计划管理要在现代造船模式、造船工程计划管理的基础上,充分体现智能制造技术的应用,其管理基本原则如下:

(1)计划管理要精准化。计划管理要利用大数据技术,分析企业在建产品和生产订单现状,精准把握企业生产动态,配合企业内外部资源实施管理。

(2)计划管理要体系化。计划管理要以中间产品为导向,结合面向智能制造的工程计划管理体系,逐层分解生产任务,避免产生多头指令。

(3)计划管理要合理化。计划编制是产品虚拟生产过程,要充分利用虚拟仿真技术、数字孪生技术、智能决策技术等,尽可能暴露计划中存在的问题,分析和平衡造船计划,保障计划的合理可操作。

(4)计划管理要柔性化。计划管理要利用工业互联网技术,实现企业内外、企业内部的信息共享,实现及时反馈,预见不可抗力因素,使计划管理既严谨又留有裕度。

(5)计划管理要标准化。计划管理要符合工程管理的基础标准,如程序标准、负荷标准、工艺标准等。

(6)计划管理要可视化。计划管理内容广、信息多,要进行大量的数据统计。因此,计划管理要详尽清晰,有明确的时间要求和人员要求,并以数字化、可视化的技术手段将计划和数据展示给管理人员和施工人员,以支撑生产的决策和实施。

6.3.2　造船工程计划体系要素

智能制造条件下,船舶建造的生产计划管理体系需具备以下关键要素:

(1)人力分配

人力资源是计划管理体系的重要因素,体系应根据人员技能、作业特点、整体进度来优化人力资源配置,制订详细合理的人员安排计划,明确作业任务和进度要求。

(2)物资供给

应制订详尽的用料、储存、消耗、补备等运转计划,并实时跟踪物资的到位情况,确保生产计划的执行力度。

(3)设备加工能力

随着大量自动化、智能化设备的应用,应充分发挥其持续加工和可量化的特点,保证设备的连续高负荷生产,减少人员投入,提升整个生产线的生产效率。

(4)精益设计能力

设计是制造的源头,应在设计阶段准备好生产过程中所需的图纸、工艺、加工内容、物资需求、设备加工数据等。

（5）信息化手段

物联网、云计算、大数据等新型信息化手段极大丰富了管理系统的能力,在计划的制订、跟踪、分析环节提供数据支撑,形成计划体系的闭环管控。

6.3.3 造船工程计划体系框架

面向智能制造的工程计划体系是建立在现代造船模式上的计划体系,在体现智能制造体系要素的基础上,要充分反映以中间产品为导向的原则,体现以中间产品为对象组织生产,按照流程有序组合叠加实现总装造船。

造船工程计划管理体系框架的构成应满足三种类型四个层次构建原则,即由程序计划、负荷计划、日程计划这三种类型计划组成,而每种类型计划又构成基本(线表)计划、大日程计划、中日程计划、小日程计划四个层次计划。其中建造程序计划是体系中的核心计划,负荷计划是体系中的保障计划,日程计划是实施计划。具体体系框架如表6-1所示。

表 6-1 造船工程计划体系框架

一类计划	二类计划	三类计划		
		编号	项目	
程序计划	基本(线表)计划	A1-1	概略建造法	
	大日程计划	A2-1	详细建造方针	
	中日程计划	A3-1	施工要领	
	小日程计划	A4-1	作业指导书	
负荷计划	基本(线表)计划	B1-1	工时负荷平衡分析	
		B1-2	物量负荷平衡分析	
		B1-3	主要设施设备/场地负荷平衡分析	
		B1-4	船台(坞)/码头负荷平衡分析	
	大日程计划	B2-1	产品总量工时负荷(S曲线)表	
		B2-2	单船工时负荷(S曲线)表	
		B2-3	船台(坞)布置与平衡表	
		B2-4	码头布置与平衡表	
	中日程计划	B3-1	分类(车间)作业负荷状态	
		B3-2	切割、加工负荷平衡表	
		B3-3	分段制造负荷平衡表	
		B3-4	分段涂装负荷平衡表	
		B3-5	总组场地资源计划	
	小日程计划	B4-1	班组(工位)负荷平衡	

表 6-1(续)

一类计划	二类计划	三类计划	
		编号	项目
日程计划	基本(线表)计划	C1-1	中长期生产经营计划
		C1-2	三年滚动线表计划
		C1-3	年度线表计划
		C1-4	年度生产经营计划
		C1-5	新接产品线表计划
	大日程计划	C2-1	综合日程表(总进度表)
		C2-2	产品设计计划
		C2-3	主要材料、设备纳期计划
		C2-4	主要材料、设备订货计划
		C2-5	工装计划
		C2-6	外协件纳期计划
		C2-7	大型铸锻件制作计划
	中日程计划	C3-1	先行中日程计划
		C3-2	后行中日程计划
		C3-3	设计出图计划
		C3-4	钢材到货计划
		C3-5	托盘集配中日程计划
		C3-6	公司月度生产计划
		C3-7	单元模块制作计划
	小日程计划	C4-1	托盘集配月计划
		C4-2	托盘集配周/日计划
		C4-3	切割、加工月计划
		C4-4	切割、加工周/日计划
		C4-5	分段制造月计划
		C4-6	分段制造周/日计划
		C4-7	分段涂装月计划
		C4-8	分段涂装周/日计划
		C4-9	分段总组月计划
		C4-10	分段总组周/日计划
		C4-11	分段搭载月计划
		C4-12	分段搭载周/日计划
		C4-13	舾装月计划
		C4-14	舾装周/日计划
		C4-15	单元模块制作月计划
		C4-16	单元模块制作周/日计划

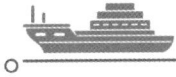

6.3.4　造船工程计划管理权限分级

考虑到人员职能分配和信息安全的需要,将对生产计划系统实行权限分级管理。除系统超级管理员具有所有权限以外,不同人员只具有相应功能模块操作权限,如表6-2所示。

表6-2　人员权限表

功能模块	说明	具有操作权限的人员
基础数据管理	工作日历、生产资源、生产能力等基础数据	系统维护人员
WBS任务分解	工程项目定义、任务包定义、任务包逻辑关系定义和生产资源分配	系统维护人员
厂部生产计划管理	编制厂部级生产计划,并根据计划的负荷情况,对计划内容进行优化调整	厂部级生产计划管理人员
车间作业计划管理	编制车间级生产计划,并根据计划的负荷情况,对计划内容进行优化调整	车间级生产计划管理人员
计划执行反馈	在计划执行过程中将计划执行情况反馈,供计划管理模块对计划进行优化调整	生产现场班组人员

6.3.5　造船工程计划数据传输、收集及反馈

造船工程计划的数据传输、收集和反馈主要依靠一体化综合管控平台下的企业资源计划管理系统和MES系统实施,其运行管控三级模型如图6-4所示。

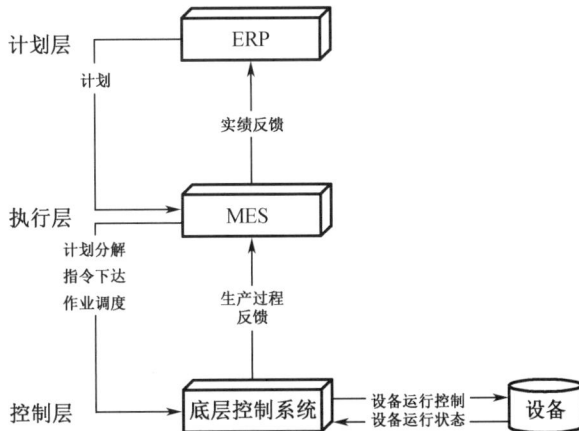

图6-4　造船工程计划管控三级模型

MES系统是企业车间控制层和管理决策层(ERP系统)之间的纽带,是面向制造过程的集成化车间管理与控制系统。一方面,MES系统对来自上层管理系统的计划进行细化、分

解,将操作指令传递给底层控制系统;另一方面,MES系统实时监控底层设备的运行状态,采集设备、仪表的实时数据,向上层管理系统反馈生产情况,实现管理的集成和优化。MES系统是造船企业对车间进行生产管理的核心系统。

随着物联网技术的发展,其在信息感知、数据传输和处理方面的优势可以与MES系统相结合,全面感知和采集现场数据,实时交互生产设备与管理系统的信息,最终通过闭环控制和持续改进实现生产过程的自动化管控。

如图6-5所示,将物联网技术与MES系统相结合,形成了智能车间生产管理系统(含计划管理),其系统架构分为三层。

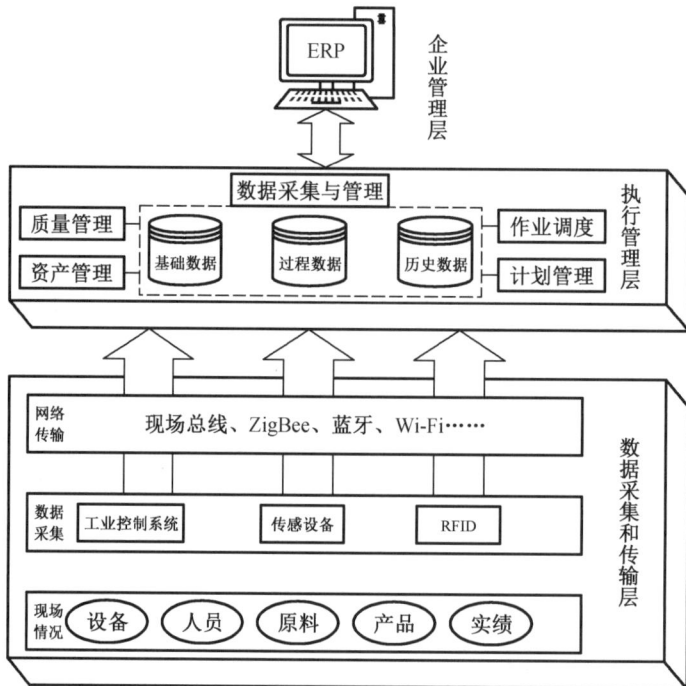

图6-5　基于物联网技术的车间生产管理系统架构

(1)数据采集和传输层

在车间生产中主要通过RFID标签、感知设备以及控制系统完成数据采集。采集到与计划相关的数据后,通过车间级的有线或无线短距离传输网络(如现场总线、ZigBee等)传递至网关设备,进行各节点的信息传输、交互和信息筛选,最后将筛选后的数据通过车间局域网传输至管理系统。现场工作人员可以通过PDA、手机、电子看板等设备进行生产计划的实时查询和管控。

(2)执行管理层

执行管理层实现了对车间的透明化、实时化管理。

①数据的采集与管理

其中需要管理的数据主要分为三类:

第一类是实时传输的过程数据,主要包括现场工作人员的信息、设备运行数据、物料使

用信息、作业进度完成信息、产品质量信息等反映现场生产状态的数据,并可生成报表供管理人员查看,实现管理的实时可视化;

第二类是为生产提供指导的计划信息、模型数据、BOM(Bill of Materiel,物料清单)信息、工艺参数和规程、质量检验标准等基础数据,可供管理人员和施工者查看;

第三类是以往的各类生产数据,如工作包和派工单的物量、计划工时、实际工时,通过建立标准船型基础制造信息数据库,为管理人员提供决策支持,并不断优化生产工艺和流程。

②生产计划调度

生产计划调度主要有两个功能,一是根据企业级计划和车间设备、人员、场地等情况,制订车间级的详细计划,并安排给各班组,供车间人员实时查阅;另一个功能就是调度,即根据计划不断应对车间的各种问题,确保计划的准时完成。物联网技术的应用可以更好地监控车间各种资源和跟踪计划实绩。

③质量管理

MES系统能有效提高船舶建造质量。在加工开始之前,作业者通过看板获取加工任务;在加工过程中可以查询产品加工要求;当产品加工完成时,将质量信息通过网络传输至MES系统。在产品的每个生产环节实现质量管控,及时发现加工过程中的质量问题。在装配过程中,每一个零部件的信息都会与模型数据进行比对,避免了漏装错装。在精度控制上,经过统计和分析后获得的数据变得更加准确和完整,在此基础上可以不断优化生产工艺、提高精度,实现真正的无余量造船。

④资产管理

生产资产主要包括车间加工设备、人员、物料和RFID标签、扫描设备、感知设备、网络系统硬件设备等,在MES系统中存储设备的名称、类型、精度等关键基础数据,再通过物联网技术实现对设备数量、位置、工况的实时监测,并对设备进行故障自动诊断和维护管理,为生产作业计划调度和质量管理提供依据。

在物联网技术的应用中,对于RFID标签、传感设备、网络硬件的管理十分关键,其中对于RFID的标签管理主要有标签的发放和回收管理、标签信息查询以及盘点数据等。

(3)企业管理层

车间生产管理系统需要与企业管理层系统相集成,实现企业级计划与车间级计划的相互协调,并且通过分析系统采集的历史数据以及企业智能决策系统为企业管理层提供决策支持。

6.4 基于物联网技术的全要素实时管控机制

6.4.1 面向船舶生产的要素

生产要素感知技术是船舶智能制造管控模式的重要一环,船厂主要的生产要素为人机料法环信六个方面,结合船厂生产流程中对人员、材料、工装设备、中间产品等数据的需求,

分析论证条形码、二维码、射频识别、传感器等技术应用的可行性,对比分析各项技术的优缺点,面向船舶生产的主要要素如下:

人:人员在生产管控系统中是执行者和决策者的角色,在物联网感知层,需要获取的是人员的身份信息、物流活动执行的状态信息等。人员主要通过 RFID 射频标签进行标识,在物流过程中通过相应的识别设备进行身份信息读取,并与操作的物流业务进行关联,实时跟踪人员的作业过程。

机:以电磁吊行车、平板车、叉车等运输工具为例,主要是采集位置、速度、路线等信息。涉及的相关技术包括北斗、全球定位系统、室内 GPS 系统等定位技术,及相应的速度解算、路线跟踪算法等,需根据具体的工艺过程并结合物流业务需要选择合适的技术,以具备精确导航、路径规划等指导作业的能力。

料:钢板配套堆场、钢板预处理、钢板理料堆场及钢板切割环节,钢板的标识可采用条形码、二维码,或者采用抗金属 RFID 标签技术。RFID 标签需要研究贴标的位置、钢板遮挡等情况,通过对比功能、成本、操控性等提供适合现场环境的应用方案。

法:分析用 RFID、条形码、二维码标识的可行性,根据不同的产品定位,对三者在成本、业务支撑能力等方面进行评价,各船厂可依据实际情况选择适合业务需要的最佳方案。

环:堆场及缓冲区在物流系统中具有关键作用,利用物联网对其进行高效管理主要涉及对网格化的实时监控与规划利用,条形码、二维码和 RFID 等对网格的标识作用是相同的,通过对比分析各种方案对业务的支撑能力和实施的可行性,为船厂业务提供应用指导意见。

信:中间产品在流转过程中一般只需携带船号、分段号、部件号等固定信息,用条形码、二维码标识是比较经济的方案,但如何高效地录入中间产品信息及保证中间产品流通过程中信息的完整性尚需进一步探索。

6.4.2　面向船舶生产的全要素管控机制

全要素管控机制以"要素感知—智能决策—精准执行"的流程运转(图 6-6),持续优化、不断提升对设备的掌控能力,其要素感知阶段基于各项传感技术对人机料法环信等各项生产要素信息进行采集,通过数据通道将数据传输至管控层,管控层以复合算法分析数据,优化计算,输出指令到执行层,执行层接受指令,驱动设备调整以完善生产状态,感知层再对生产状态进行感知验证并反馈信息给管控层,管控层和执行层再做相应调整,持续优化改进,保持生产状态良好。该方式中管控层是智能管控体系的计算系统,分析决策整个系统的运作指令;执行层是智能管控体系的运动系统,实现各项调整、改进和最终的生产活动;而要素感知则为执行层提供决策依据并对执行层的执行效果进行验证,是整个生产管控体系的核心信息来源。

船舶生产管控通过实现船舶生产过程的要素感知组网,提高要素信息采集能力,从而构建"要素感知—智能决策—精准执行"的智能管控新模式。智能生产管控模式可极大地提高生产车间智能化水平,使船舶建造过程的生产管控变得更为方便、精益,中间产品的质量和生产周期更加稳定可靠,从而大大提高我国船舶制造业的国际竞争力。

图6-6 全要素管控机制的运行方式

6.5 基于智能制造的供应链管理

6.5.1 造船企业供应链管理现状和需求分析

造船企业的供应链就是以造船企业为核心的,从销售并签订订单开始,经过设计单位设计、原材料采购、配套设备采购、协作单位协作,再经过逐级制造和装配,过程中经过船级社和船东的审核,可能还需要科研院所提供问题的解决方案等,最终将船舶产品交付船东的整个过程。整个供应链主要包括了订单、采购、物流、仓储、售后服务等环节。

对于造船企业的供应链管理,就是对整个供应链过程中的造船企业、原材料供应商、配套企业、协作企业、船级社、科研院所、船东的协调管理,对供应链各个环节的控制和管理,以及对整个过程中企业内外部资源的集成,实现物流、信息流、资金流的统一。其目的就是通过降低采购、库存成本来降低造船成本,通过提高供应链运作效率来缩短建造周期,通过将非核心业务外包给优秀供应商、整合供应链资源来提高企业核心竞争力,通过对供应商的合理选择和货物质量的把关来提高建造质量。

造船企业的供应链管理具有周期长、供应链环节少、涉及企业多且各企业间相互关联牵制、复杂程度高的特点。目前,我国造船企业已经初步构建了由造船企业物资部、仓库、配送中心构成的供应链管理体系。但对于供应链的管理总体还处于集成度、信息化、自动化程度较低的阶段,以人工管理为主,导致了物流成本高,供应链反应速度慢;很多流程不够优化,尤其在仓储、物流环节,容易产生货物停滞、运输路线重复的问题;缺乏对企业间的网络化协同管理,没有形成整体优化的协作共赢模式。

因此,造船企业信息化、网络化的深入发展,对供应链管理也提出了新的需求:

(1)船东的个性化定制需求

即要求整个供应链对船东需求做出快速响应,生产或采购符合船东要求的物资,交付满足技术规格、质量要求的船舶。造船企业的供应链本身就属于以销售为开始的拉动型,所以实现船东的个性化定制是供应链管理的根本原则。

（2）提高供应链各环节的效率需求

通过提高自动化程度、优化作业流程、减少失误等方法，不断减少供应链环节中不产生价值的等待、迂回、重复等环节，提高整个供应链运作效率。

（3）建立共赢合作的供应链企业间联盟需求

供应商与需求方通常是存在矛盾的，一个希望利润更高，一个希望价格更低，而供应链管理的目标就是使两者形成合作伙伴的关系。从需求方的物资采购、设计、计划、生产等环节，到供应商的销售、运输、产品研发等环节展开全方位的协作，建立互惠互利合作伙伴的关系。

（4）实时化、透明化的管理需求

保障信息流、物流、资金流的顺畅是保证船舶设计、建造、管理一体化的基础，这需要利用信息技术对整个供应链形成动态实时的追踪和控制。

（5）提供各类运营服务的需求

随着整个船舶工业的升级，造船企业服务化趋势越来越明显，不仅有船东，船舶营运相关的用户、保险公司等也将成为造船企业的服务提供对象。造船企业可以为其提供船舶维修、航运路线规划、电子商务等方面的智能服务。

将物联网技术与造船企业的供应链管理相融合，可以很好地满足以上五点需求，下文将具体阐述将物联网技术融合于造船企业供应链管理的应用模式。

6.5.2　基于物联网技术的供应链管理架构

如图 6-7 所示，构建了基于物联网技术的智能船厂供应链管理架构。整个供应链管理架构分为三个部分，一是企业内部的供应链管理系统，主要包含了订单管理、采购管理、物流管理、仓储管理以及对船舶交付后的售后管理；二是造船企业外部的供应链管理，即为造船企业、供应商、船东、船级社、科研院所、协作厂等各供应链企业间形成协作联盟而构建的网络化信息交流平台；三是外部供应链与内部供应链管理间的接口，即造船企业建立的对于供应商的选择和评价管理系统。

其中，造船企业内部的供应链管理是整个系统的核心，供应商选择和评价管理系统为造船企业采购环节提供依据，供应链企业间交流平台为造船企业获得更优的社会资源、提高自身对外部变化的适应能力、提高核心竞争力提供保障。

在此架构下，整个供应链形成了一个信息共享、状态实时可视化追踪的有机整体。利用 RFID、条形码、GPS 等感知技术对现场人员、车辆、物资、中间产品进行实时的信息采集，管理人员利用手机、平板电脑、PDA 等智能终端设备连接网络，从全局角度对整个供应链进行实时动态的监控和调度；并且，各企业间的信息通过网络共享，各企业形成了友好的协作关系，有效提高了供应链整体适应外部环境变化的能力，提高了整体的效益。

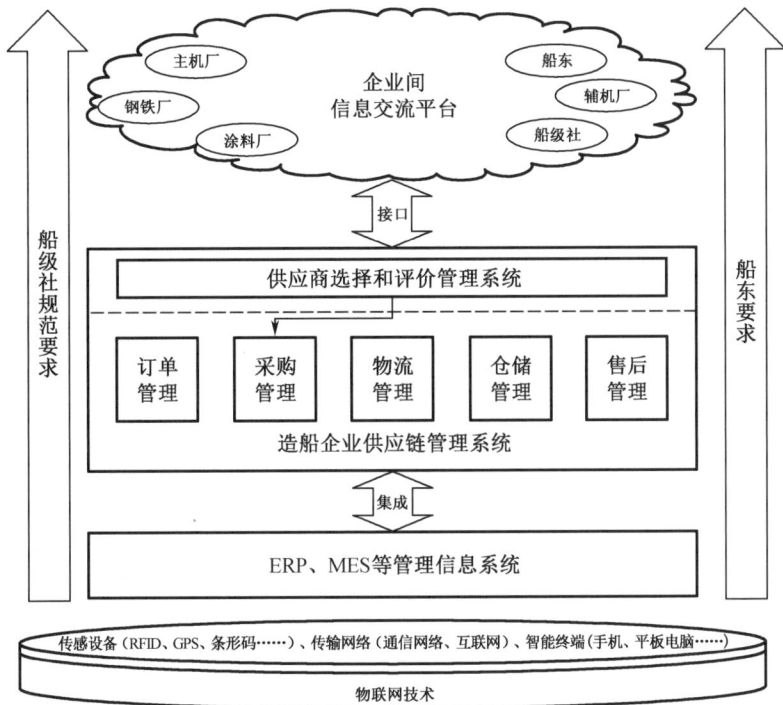

图6-7　基于物联网技术的智能船厂供应链管理架构

6.5.3　基于物联网技术的造船企业供应链管理系统

造船企业供应链管理系统主要由订单管理、采购管理、物流管理、仓储管理和售后管理五个部分组成,其在物联网技术的应用下都朝着自动化和网络化方向发生了变化,其具体表现如下:

（1）订单管理

订单指的是造船企业与船东签订的关于船舶价格、质量、技术要求、交货时间、交货地点等内容的合同,后续的一切活动都必须严格按照订单规定的内容执行。所以,在电子订单签订时,合同内容自动传输到数据库中,作为生产部门制订计划、物资部门采购、设计部门设计的重要依据,并须在后续重要物资的识别标签中录入相应的订单号,实现对该订单物资状态的实时管理。

（2）采购管理

采购环节主要涉及“需要采购什么”“采购数量是多少”“选择哪家供应商”“采购货物质量是否合格”的问题。基于物联网技术的采购管理如图6-8所示,首先根据物资计划、生产计划和仓储管理系统反映的库存数量,自动进行采购清单的制定,再通过网络将信息发布到企业间信息交流平台,相关的供应商查询到清单后进行报价,经过供应商选择和评价管理系统的辅助决策,造船企业对相应企业通过互联网下订单,供应商组织生产和发货,当造船企业接收到货品并进行质量检验后,合格的产品可以进入入库环节,不合格的产品进行退货,并且将整个采购环节与供应商的互动存储至供应商管理系统,作为下一次供应商选择评价的依据。

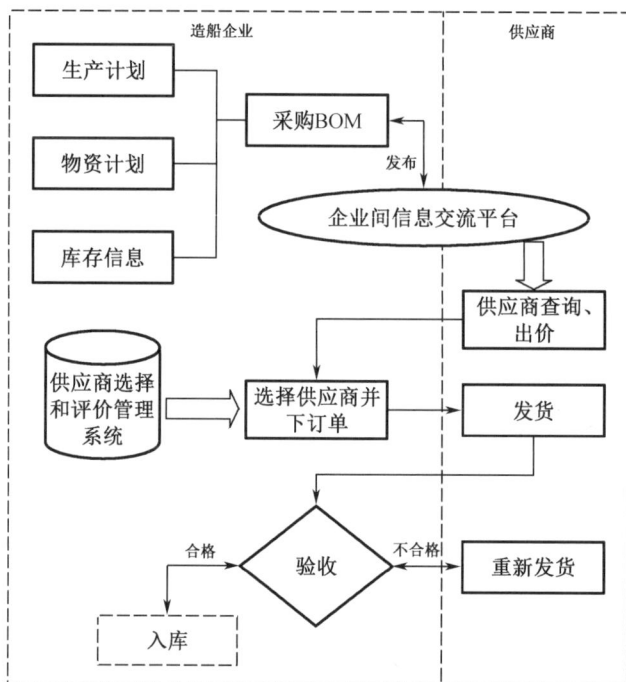

图 6-8　基于物联网技术的采购管理

（3）物流管理

基于供应链的造船企业物流包括了企业内部物流和企业外部物流,企业外部物流就是物资到造船企业的运输活动,企业内部物流主要指生产物流。造船企业生产物流是伴随造船企业内部生产过程而产生的物流活动,主要指为实现原材料、配套物资、中间产品等物料在企业内部供应仓库与车间、车间与车间、工序与工序之间流转而按照工厂布局、产品生产过程和工艺过程的要求安排的整个物流活动。

企业外部物流的通畅性决定了货物能否准确及时运达,生产物流的流畅性直接影响船舶的生产周期和制造成本,是造船企业管理的重要环节。利用物联网技术,在运输路线途中设置检查点,并安装 RFID 接收、转发装置,对在途运输的货物和车辆上的标签进行识别,同时利用 GPS 技术进行追踪,无论是供应商还是造船企业,都可以清楚地了解物资在运输途中目前所处的位置和状态。在造船企业内部,结合舾装件和船体零件的托盘管理、智能仓储管理、计划管理等环节,实现集配中心的智能配送,使物资可以准确及时地到达生产车间,降低了库存,实现了准时化、精益化的生产。管理人员不仅可以确切了解各类物资和中间产品的生产和物流状态信息,而且可以实时反馈到企业管理系统,实现对造船企业车间布局、业务流程、运输线路的不断优化。

（4）仓储管理

造船企业的仓库是造船企业外部物流和企业生产物流的中转站,对促进生产效率的提高起着辅助作用。智能仓储管理的基础是实现舾装的托盘化管理。通过运用物联网技术可以准确知道仓库中物资的数量、位置和状态，从而可以方便、快速、准确地找到相应物资或托盘。将物联网技术应用到入库、移库和盘点、出库等各个业务环节，大大提高了仓储的工作效率和准确度。图6-9所示为基于物联网技术的仓储管理，包括入库、盘点、移库和出库环节的一般流程。

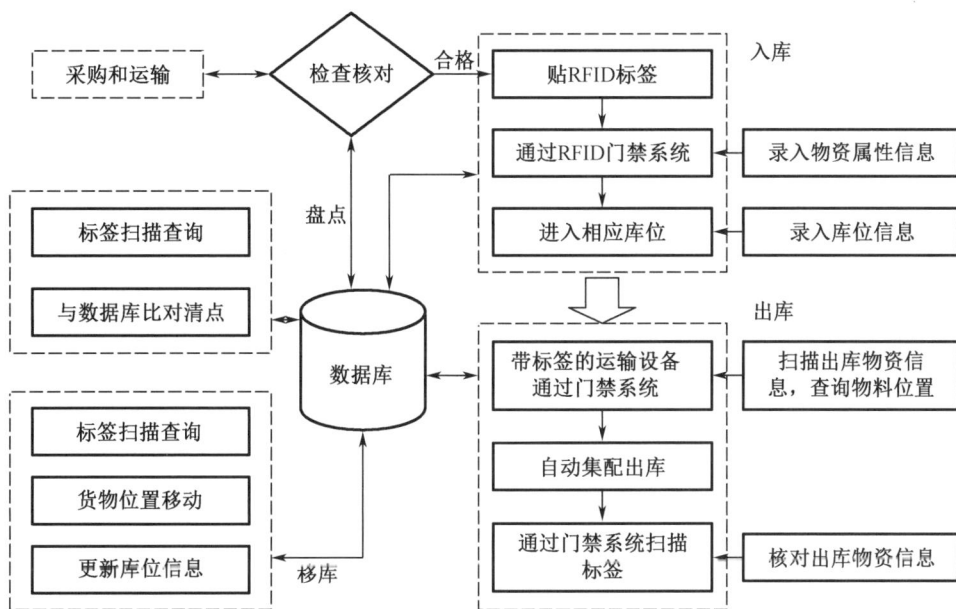

图 6-9　基于物联网技术的仓储管理

在入库环节，首先与企业信息系统中的采购清单进行核对，并对货物进行质量检查，合格的物资进入入库环节。首先，对物资张贴标签，当通过仓库门禁系统时自动录入物资的属性信息，当物资进入相应库位的时候自动录入物资的位置信息，完成入库。未来，物资的RFID标签张贴工作，应该由供应商在出厂时就完成。

在盘点环节，管理人员利用扫描设备可以准确查到物资的数量、位置，并利用无线网络与数据库信息进行比对。

在移库环节，管理人员利用扫描设备查询货物位置后进行移库，再将新的位置信息上传至数据库。

在出库环节，造船企业的物资部门根据生产计划组织集配，将集配信息录入运输设备的标签中，当运输设备通过仓库门禁系统时，自动扫描需要出库的物资信息，仓库以托盘的形式进行自动集配出库，当通过门禁系统时，扫描标签，进行出库物资信息的核对并更新数据库。

（5）售后管理

船舶的售后管理一般是指在船舶交付船东后，船厂要依照订单对船舶由设计、建造、安装及设备材料等自身原因引起的质量问题进行修理或赔付，良好的售后服务有利于提高造船企业的信誉。船舶属于比较特殊的产品，一般在全世界各个航道上航行，且船舶设备供应商一般都分散在世界各地,船舶发生故障时可能与造船企业和设备供应商距离很远;并且,船舶运行状况受人员操作和环境因素的影响很大,有很强的不确定性,相较于汽车一类的产品,船舶的保修工作一般周期比较长,难度比较大。基于物联网技术的保修工作具有自主性与实时性的特点,造船企业可以建立船舶的智能维护平台,通过传感器和标签实时采集船体和设备的运行情况,再应用高科技通信技术,包括GPS、ARPA雷达、电子海图显示等对船舶进行定位和网络传输,通过对数据的记录和分析,对可能发生的问题进行提前预测,并主动报警,在第一时间通知船员和岸上管理人员,造船企业也可以在第一时间通知设备供应商和安排维修,极大地简化了造船企业售后服务保修流程,提高了船舶运营的安全性。并且,未来船舶的智能维护平台,也可以为船舶营运用户、客户或保险公司等提供航线规划、电子商务等服务。

6.6　基于智能制造的车间生产管控

6.6.1　造船企业生产管控需求分析

生产是造船企业的核心环节,生产环节的管理与控制直接关系到船舶产品的质量、建造周期、建造成本等,是造船企业管理的核心。目前,我国已经基本建立了以精益生产理论为指导,以数字化、信息化管理系统为支撑的生产管理模式。但是,在管理的精细化、信息化、智能化程度上相较于日韩先进造船企业仍然存在很大差距,尤其是对于车间现场生产管理的不足,以及现场管理与企业顶层管理之间存在信息断层,导致现场执行能力低下、管理效率低。目前,造船企业生产管控的需求主要有以下几点:

(1)整合现场各种物资、设备资源

船舶生产加工装配过程零件多、工序多,涉及各种物料、设备,受场地限制严格,并且零部件采用单件流水线的并行生产方式,因此需要对造船企业的设备、物料、场地进行很好的协调,保障生产节拍的均衡。

(2)消除信息孤岛和断层,集成各种信息资源

船舶的建造,需要根据设计要求、标准、规范、生产计划进行生产,以保证在规定的时间制造出质量合格的产品。车间现场需要能够查阅到这些信息,并且实时跟踪,当信息更改时,可以及时调整生产;同时,车间现场的信息也应该实时反馈到管理层和其他部门,以便管理层和其他部门根据车间生产状况进行协调。

(3)提高生产管理的自动化,形成生产的闭环自我管控

船舶建造过程复杂,仅依赖人经验的管理和协调往往会出现很多问题,也有很多的不确定性。实现生产业务的闭环管理,提升生产管理的自动化水平,实现人机协同的管理模式,是生产管控的发展方向。

由此可见,通过完善对车间现场的生产管控,实现造船企业信息上传下达的集成性,是满足以上需求的有效途径。

6.6.2　MES 系统在造船企业生产管理中的应用

在船舶企业生产过程中,MES 技术的应用是提升车间自动化水平的有效途径。通过构建以"精益生产、智能制造"为特点的车间管理系统,建立数字化车间,从而实现船舶精益生产和智能制造。

6.6.2.1　MES 系统体系架构

MES 通过数字化生产过程控制,借助自动化和智能化技术手段,实现船舶车间制造控制智能化、生产过程透明化、制造装备数控化和生产信息集成化。车间 MES 主要包括车间管理系统、质量管理系统、资源管理系统及数据采集和分析系统等。

6.6.2.2　MES 执行系统构成

MES 由车间资源管理、生产任务管理、车间计划管理、生产过程管理、质量管理、生产物资管理、车间监控管理及统计分析等模块组成。

（1）车间资源管理

车间资源管理主要对船舶车间内人员、设备、工装、物料和工装等进行管理,保证生产的正常进行,同时可提供各类生产资源的使用历史记录和实时状态信息。

（2）生产任务管理

生产任务管理包括生产任务接收与管理、任务进度展示和任务查询等功能。提供所有项目信息,查询指定项目,并展示项目的全部生产周期及完成情况。提供生产进度展示,以日、周和月等展示本日、本周和本月的任务,并以颜色区分任务所处阶段,对项目任务实施跟踪。

（3）车间计划管理

车间接收主生产计划,根据当前的生产状况(能力、生产准备和在制任务等)、生产准备条件(图纸、工装和材料等),以及项目的优先级别及计划完成时间等要求,合理制订生产加工计划,监督生产进度和执行状态。

（4）生产过程管理

生产过程中采用条码、触摸屏和设备数据采集等多种方式实时跟踪计划生产进度。生产过程管理旨在控制生产,实施并执行生产调度,追踪车间里工作和工件的状态,并可通过看板实时显示车间现场信息以及任务进展信息等。

（5）质量管理

质量管理可实现生产过程关键要素的全面记录以及完备的质量追溯,准确统计产品的合格率和不合格率,为质量改进提供量化指标。并根据产品质量分析结果,对出厂产品进行预防性维护。

（6）生产物资管理

生产物资管理是通过条码技术对生产过程中的物流进行管理和追踪。在生产过程中,通过条码扫描跟踪物料在线状态,监控物料流转过程,保证物料在车间生产过程中快速高效流转,并可随时查询。

(7)车间监控管理

车间监控管理从生产计划进度和设备运转情况等多维度对生产过程进行监控,实现对车间报警信息的管理,包括设备故障、人员缺勤、质量及其他原因的报警信息,及时发现问题、汇报问题并处理问题,从而保证生产顺利进行并受控。

(8)统计分析

统计分析能够对生产过程中产生的数据进行统计查询,分析后形成报表,为后续工作提供参考数据与决策支持。

6.6.3 基于物联网技术的车间生产模式

生产现场基于物联网技术实现全面的信息感知、高度的自动化,具有一定的自治能力。图 6-10 所示为基于物联网技术的智能车间生产模式。

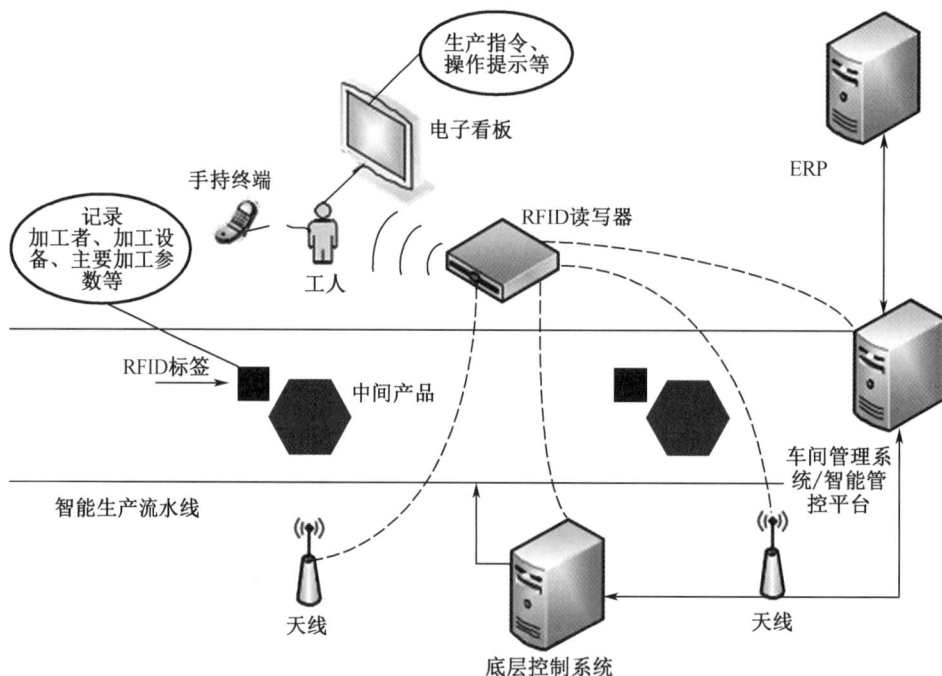

图 6-10 基于物联网技术的智能车间生产模式

当带有 RFID 标签的原材料进入生产车间时,读写器读取关于其加工信息,通过网络传输至底层控制系统,控制智能设备对其进行加工,当加工完成后控制系统对标签中的信息进行修改,进入下一道工序;当进入人工操作的工序时,工人通过看板、PDA 等智能终端了解加工信息并进行加工,同样,加工完成后改写 RFID 标签信息。当此车间加工工序完成时,通过对 RFID 标签的读取,就可以清楚地了解已经完成的工序,有效避免了错装或漏装;

同时,车间管理系统对其他设备、环境、人员等数据进行搜集和分析,并反馈到企业管理层,实现对生产的在线可视化管控。这样的车间生产模型将底层控制网络纳入整个生产管理物联网中,实现了智能生产设备与管理系统的自动交互,是未来智能船厂生产现场的运作模式。并且,随着各个车间管理系统的建立,可以逐步形成由一个控制中心集成的智能管控平台,从整体上进行生产的管控。

6.7　基于智能制造的能源管理

6.7.1　造船企业能源管理需求分析

造船企业涉及的能源主要包括电力、气体能源和液体能源。气体能源主要包括蒸汽、压缩空气、氧气、丙烷、乙炔、天然气、二氧化碳、氮气和氩气等,液体能源主要包括水、柴油等,以及生活用水。其中,电力是造船企业的主要能源。

造船企业的能源计量和管理主要分为四部分内容。第一类是企业对输入能源的管理,第二类是包括钢材加工车间、零部件分段加工装配车间、涂装车间等的内场车间能源管理,第三类是包括总组场地、船坞和码头的外场能源管理,第四类是包括空压机、龙门吊、焊接设备、切割设备等主要能耗设备的能源管理。

总之,船舶企业能源利用情况较为复杂,企业作业工序多且复杂,能源消耗种类广,耗能设备数量多,能源管理工作的难度和复杂度较高。而目前造船企业对于能源数据采集和管理处于比较落后的阶段,主要采取对于区域内几个车间使用一根主线计量,对于焊接、涂装、舾装等交叉作业的区域无法做到分工序、分部门的精细化能源管理。虽然已经普及了智能电表、水表、压力计,但由于能源仪表部署点相对分散,信息采集手段落后,多为手工抄表,具有效率低、信息共享度低、反馈速度慢及难以分类汇总和迅速检索等缺点。因此,目前造船企业对于能源管理具有以下几点需求:

(1)改变能耗信息依靠人工抄表的采集手段,实现自动化实时采集;

(2)改变以往大区域计量的粗犷式能源管理,实现对各车间、各部门、各工序以及关键能耗设备实时、精准的动态监测,实现能源的精细化管理;

(3)建立先进的能源管理信息系统,其必须具备完善的功能和较高的信息集成度,实现对实时采集的能源数据的分析处理,挖掘历史能耗数据的潜在价值,实现对于企业能耗的分析与评价,并能根据生产和节能需要实现能耗的在线动态优化。

因此,造船企业迫切需要构建基于物联网技术的能源管理系统来满足以上需求,为造船企业的绿色化可持续发展提供支持。

6.7.2　基于物联网技术的能源管理系统架构

如图6-11所示,基于物联网技术的能源管理系统架构与物联网一般分层架构类似,为现场层、网络层和应用层。

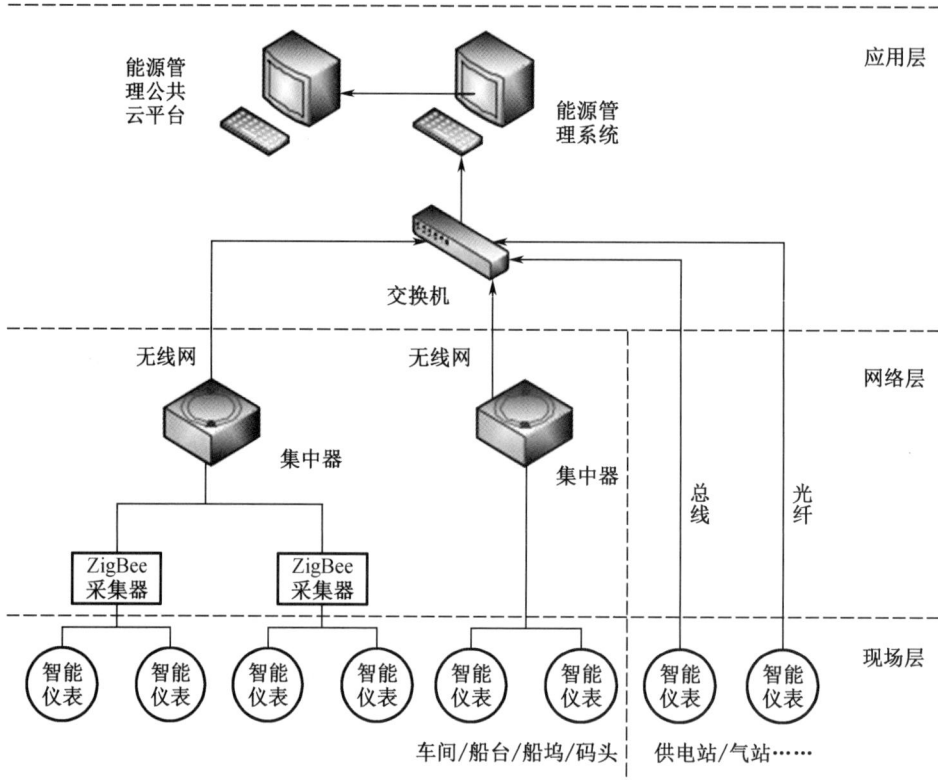

图 6-11　基于物联网技术的能源管理系统架构

　　现场层主要是对智能电表、流量传感器、温度传感器、压力传感器等各种智能仪表信息的采集。根据智能仪表的分布情况,现场层可以分为车间、船台、船坞、码头等智能仪表较为分散的区域,以及供电站、气站等智能仪表相对集中的区域,现场智能仪表采用 RS485 总线串接的方式进行连接。

　　网络层是能源管理系统的中间连接部分,负责把分散的设备采集层所采集的数据集中后再上传到应用层。在此架构中,对于智能仪表较为分散的区域采用了 ZigBee 技术进行无线自组网对分散的信息进行自动采集,再通过集中器模块集中上传至交换机。对于智能仪表相对集中的区域,直接由 RS485 总线负责将现场设备采集层采集到的信号上传至交换机,当现场层与应用层之间的距离较远时,可采用光纤进行信号传输。

　　应用层即造船企业的能源管理系统。能源管理系统以 Web 界面或客户端应用软件的形式为管理人员提供可视化的在线管控,实现对能耗数据的远程采集分析,以及对能耗设备的实时监控,最终实现能源管理的不断优化。未来也可以进一步搭建与城市或全国能源供应系统集成的能源管理公共云平台,实现全局角度的能源在线管控。

6.8　基于物联网技术的环境安全监测

6.8.1　造船企业环境安全监测需求分析

造船企业的作业车间有很多的易燃易爆气体、有毒物质、粉尘等,很多作业都在高空中进行,易发生环境污染和人员伤害等各类生产事故,在人们眼中一直是脏、苦、累的危险工作环境。如何做好造船企业的安全和环境管理也是企业管理的重要方面。

由于污染物的排放可能导致人员和环境的双重危害,和人员的安全管理密不可分,因此,应将环境污染的监测与安全管理相结合。造船企业环境安全监测包含两个方面的内容,一是安全事故的预警和处理机制,二是污染物排放的监测系统。这两方面的管理对于造船企业意义非常重大,环境友好的绿色生产一直是造船企业努力的方向。安全事故的发生会给造船企业带来巨大的经济损失,安全、健康、整洁的生产环境,也更有利于工人舒心工作,而智能船厂的最终目标就是构建人与自然和谐的生态系统。

造船企业的环境安全管理应当以预防为主,当问题出现时也应该及时处理,把损伤降到最低。因此,对于环境安全的管理需求就是建立实时监测和预警系统,实现对环境的实时监测,防范各种事故和风险,提高对于事故的反应速度和处理能力。

6.8.2　造船企业环境安全监测系统架构

如图6-12所示,同能源管理系统架构类似,通过现场传感器和自组网的构建,实时监测车间生产环境,如对车间噪声、有害气体、粉尘浓度的数据采集,还可以应用各种智能的穿戴设备,如智能头盔、智能面罩等,实现对高危工作人员的安全保护,防范各种安全事故和环境污染风险。并且,环境安全管理系统可以与员工的健康体检档案相集成,实时监测在高危环境工作的员工的身体状况。同时,可以搭建与城市的火警、急救系统等环境安全监测系统相连接的公共管理平台,形成对突发事故第一时间处理的机制。

6.9　基于云计算和大数据的云制造平台

6.9.1　造船企业云制造平台内涵

6.9.1.1　造船企业制造资源分析

从资源变化的角度描述造船企业业务活动,就是将各种分散的资源,经过加工、消耗、利用、装配等处理,最终完成船舶产品的过程。这些资源包含了船舶产品全生命周期所涉及的各种软硬件资源,主要包含了设备资源、场地资源、物料资源、能源资源、人力资源、专家资源、技术知识资源、应用系统资源、计算资源、供应商资源、其他资源等。上述各制造资源的具体内容如下。

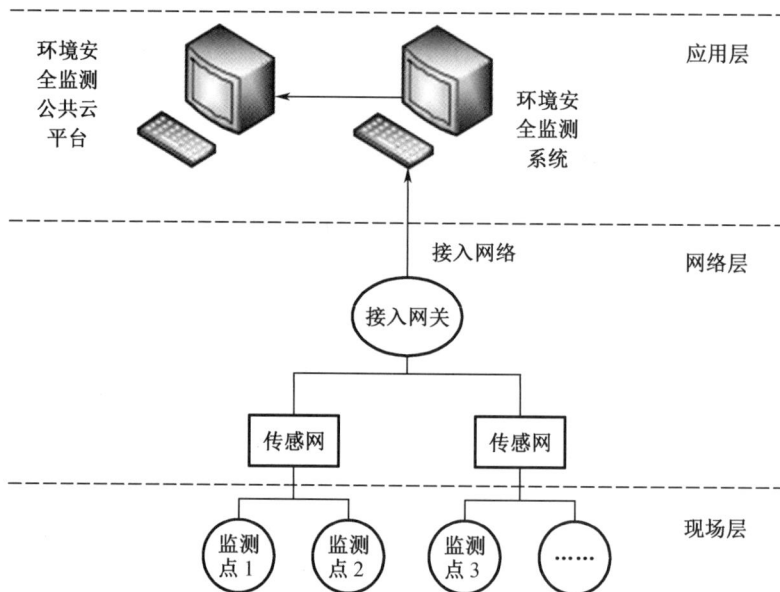

图 6-12　基于物联网技术的环境安全检测系统架构

（1）设备资源

设备资源即焊接设备、切割设备、吊装设备等加工和装配过程中涉及的各种设备资源。

（2）场地资源

场地资源即车间场地、仓库、平台、胎架、船台、船坞、码头等场地资源。

（3）物料资源

物料资源造船企业的物料资源主要指钢材等船用物料，或办公用品、劳保用品等非船用物料。

（4）能源资源

能源资源即为造船企业各项活动提供动力或支持的电力、水、石油、二氧化碳等各种形式的能源资源。

（5）人力资源

人力资源即直接或间接从事生产的，例如焊工、气割工、钳工、整理工、装配工、材料管理员、运输工等普通劳动力资源，并且有时会有一人从事多个工种的现象。

（6）专家资源

专家资源即能够在设计、工艺、技术和生产等领域提供知识分解、推理、诊断、方案的专家，为整体决策和支持提供保证。

（7）技术知识资源

技术知识资源即通过实践得到的已经模型化的设计、制造、工艺、生产、管理等方面技术或知识资源。

（8）应用系统资源

应用系统资源即包含了设计仿真系统、生产过程控制系统、管理系统、集成制造系统等。

（9）计算资源

计算资源即包含了产品制造过程中的设计计算、仿真计算、高性能计算、存储器等资源。

（10）供应商资源

供应商资源即包含了各种原材料供应商、配套企业、外协单位的供应商资料信息、以往交易情况信息、供应商产品质量信息等可辅助造船企业对供应商进行评价和选择的资源。

6.9.1.2　造船企业云制造平台内涵

船舶建造工程庞大且影响因素众多,造船企业涉及的制造资源具有种类繁多、总量庞大、不确定性强的特点。其中,制造资源的不确定性主要是指其数量、品质的不确定,或者资源在某一时间内短缺,达不到当时的需求量。而对于制造资源合理分配和利用以达到均衡有节拍的流畅生产,是造船企业管理的主要目标。因此,造船企业需要建立制造资源的基础数据,为企业制订计划提供支持。

目前在造船企业中一般采取对于劳动力资源、设备资源、场地资源建立数据库的管理方式。根据参考船型的工时和物量关系预测新船工时,依据制造资源数据库分配人员,再以设备和场地资源的限制为条件制订计划。但这种方式,由于信息技术的限制,其对制造资源的管理和整合能力是有限的,一般只针对造船企业的设备资源、人力资源和场地资源进行了基础数据库的建立;并且,也只能做到对部分重要的设备、人员和场地的资源管理,对于各种无形的资源没有涉猎。而随着大数据技术和云计算技术的发展,对于造船企业内外部的各种制造资源的统一管理已经成为可能,也延伸了造船企业有限的软硬件资源。

造船企业云制造平台实质就是,将上文提到的各种制造资源进行虚拟化和信息化,形成一个虚拟的资源池,管理人员通过对云制造平台提出需求,将各类资源进行整合并以服务的形式提供。相较于以往的资源管理模式,云制造平台具有更加强大的数据分布式存储和处理能力,能够整合造船企业内外部的各类软硬件资源,为造船企业的设计研发、计划管理、售后服务等环节提供强大的智能决策支持。

其中,强大的数据处理能力是云制造平台运行的基础,下文将具体分析基于云计算的大数据处理技术。

6.9.2　造船企业基于云计算的大数据处理技术

6.9.2.1　造船企业数据处理现状分析

数据是信息化发展的产物,数据产生的巨大价值是不可估量的,数据作为驱动力,将产生为造船企业提供决策支持的"知识"。所以,围绕数据的存储、管理和分析是未来智能船厂的核心。而大数据技术和云计算技术的出现,使得数据处理的规模、速度和效力上升到了一个新的高度。因此,搭建一个造船企业设计、生产、管理和服务过程中涉及的、实时产生的以及历史的海量数据处理平台是打造智能船厂所必需的。并且,大数据处理平台的构建也为造船企业所属的船舶集团公司,甚至整个船舶工业的数据处理提供了可能,这样可以挖掘出更多的价值,加快各种知识的积累,促进整个工业乃至国家的共同发展。

造船企业的数据从类型上可分为结构化数据、非结构化数据和半结构化数据。结构化数据指具有固定结构的规范化数据,即通常所说的关系型数据;非结构化数据指文本文档、图片、电子表格以及视频等很难用关系型数据方法描述的数据;半结构化数据指介于结构化数据和非结构化数据之间的,不能用关系型数据方法描述却具有一定描述性属性的数据,如 XML 格式的数据。这三类数据随着物联网技术、数字化系统、自动化生产线的应用,都呈现迅速增长的趋势,尤其是物联网技术下无处不在的感知,使得数据源分布更广、数量更大、增速更快。

在来源上,造船企业的数据主要来源于数字化设计系统、数字化管理系统、数字化办公系统等,在这些系统里又分为船体、舾装、涂装等各个部门。各个系统一般都有自己的数据库管理系统,存在不同系统的数据异构问题,因此才产生了困扰造船企业信息化集成的核心问题——信息"孤岛"。

目前,越来越多的人已经关注到造船企业的数据集成、存储、处理问题。但仍然存在很多不足:

(1)传统数据处理系统软硬件投入巨大,无法处理更大规模的数据。传统的分布式数据系统对服务器硬件性能要求高,购置软硬件的投资成本可达到数百万元,制约了企业数据存储和处理能力的提升。

(2)主要针对的是结构化数据,对于非结构化数据和半结构化数据处理能力依然比较有限。对于非结构化和半结构化数据一般采取将其转换为二进制文件形式存储的集成管理方法,但是这种方法的查询效率非常低。或者采取全文检索的管理方法,该方法通过为非结构化数据建立索引,通过索引检索,处理查询返回的结果集合。这种方法对非结构化数据源的查询效率很高,但对数据源的更新却不方便。

(3)传统的基于关系数据库的数据处理技术对于大量数据的处理很难做到实时。其需要首先抽取数据,构建数据中心,再加载离线数据,构建数据立方体,处理周期较长,很难做到秒级、毫秒级的数据处理。

可以看出,处理更大规模的数据、更高的数据集成性、更快的处理速度是造船企业数据处理的需求。因此,基于云计算的大数据处理技术具有低成本、高效率、统筹全局的优势,能很好地满足未来智能船厂的数据处理需求。

6.9.2.2 造船企业大数据处理流程与架构

造船企业的大数据处理架构如图 6-13 所示,由数据采集层、大数据处理层和应用层组成。

(1)数据采集层

数据采集层负责对船舶产品全生命周期中的设计、建造、管理、运营、修理、回收的各类数据进行采集,如设计数据、模型数据、工艺数据、物流数据、质量数据、运营数据等结构化或非结构化数据。

（2）大数据处理层

大数据处理层包含了对采集的数据进行抽取与集成、数据分析、数据解释的数据处理流程。考虑到造船企业在关系数据库的构建上已经有一些成果，因此采用将传统数据库技术与 Hadoop 大数据处理平台相结合的大数据处理架构。既保证了传统数据库技术对结构化数据的处理优势，也弥补了传统数据库技术的不足。

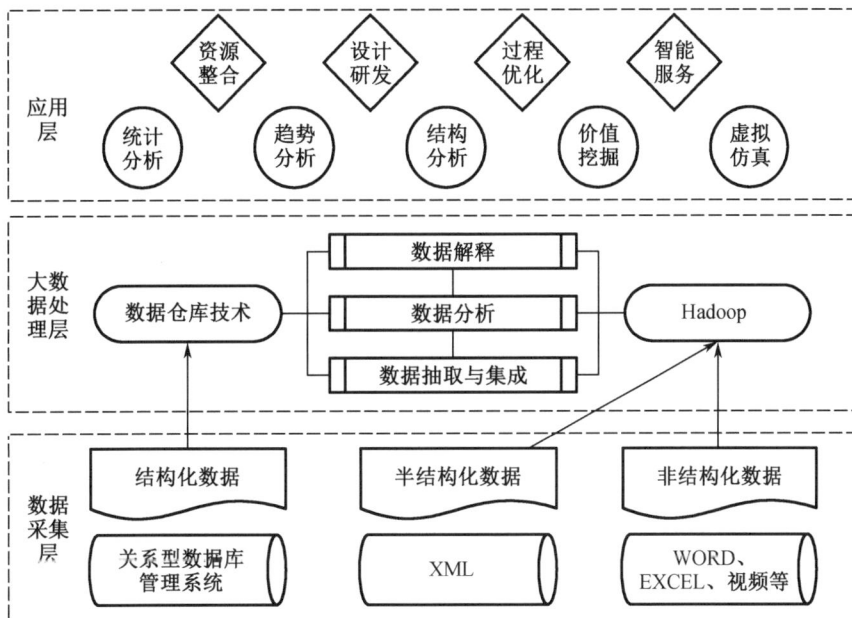

图 6-13 造船企业的大数据处理架构

Hadoop 是目前最为热门的大数据处理平台，它包含了分布式文件系统（hadoop distributed file system，HDFS）、数据库（HBase）、数据处理（MapReduce）等功能模块在内的完整大数据处理生态系统。在此数据处理平台中，Hadoop 负责所有半结构化和非结构化数据的处理，数据仓库则主要负责结构化数据的聚合、建模工作。同时，Hadoop 也负责为数据仓库技术对结构化数据处理提供更强大的存储和计算能力。

（3）应用层

大数据处理技术主要的应用就是通过对数据的统计分析、价值挖掘、建模仿真，利用数据可视化技术或虚拟现实技术将模型、趋势和统计结果向决策者展示出来，使决策者以此为依据进行决策。并且，当决策者通过设计或管理系统进行决策时，通过历史数据的积累形成的知识库、模型库和方法库会进行自动更新，不断地完成自优化过程。

在造船企业，基于大数据处理的智能决策支持系统主要可以应用于产品的研发设计、智能计划和生产管控、基于船舶运营数据的智能服务、制造资源的整合等领域，如图 6-14 所示。

①产品的研发设计

在船舶产品研发时，通过对市场环境的分析和客户需求的预测，可以提高研发目标的精准性,提高新产品的客户满意度;在船舶设计阶段,可以获得更多的基于以往同类船型的设计数据、技术和知识支持,从而提高设计效率;并且,通过对船舶从设计到回收的全生命周期数据的积累,可以不断优化设计标准和知识库、模型库。

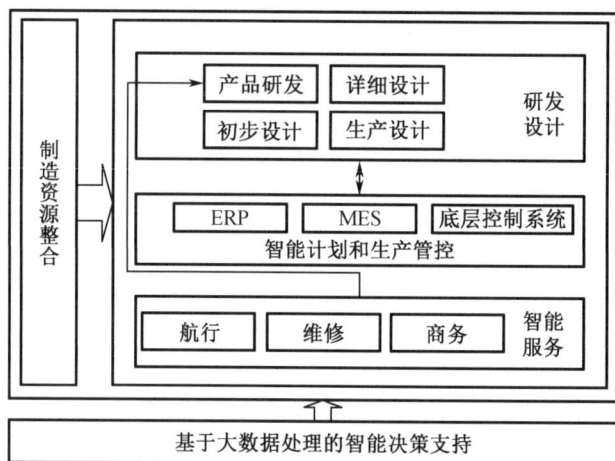

图 6-14 基于大数据处理的智能决策支持系统

②智能计划和生产管控

基于造船企业各类资源的数字化模型的建立,即建立生产过程、物流过程乃至整个造船企业的虚拟仿真系统,为企业各级建造计划、场地和布局、运输路径等提供智能决策支持。同时,基于物联网技术对现场数据的实时采集和分析,实现对制造过程基于大数据处理的流程优化、质量管理、问题预测、生产调度,并不断积累历史数据,优化各类知识和算法;尤其在精度管理和成型加工工艺方面,通过变形数据的不断积累和统计分析,形成标准化的精度控制体系和工艺方法。

③基于船舶运营数据的智能服务

在船舶运营阶段,通过对船舶运营的各类数据的分析,如设备运行数据、船舶航行定位数据、重要部位的应力数据等,实现基于大数据的船舶故障智能预警、船舶航线智能规划、船舶营运商业智能等。

④制造资源的整合

制造资源的整合是将各类制造资源虚拟化并存储在一个云计算平台中,即前文提到的云制造平台,实现从企业级到行业级乃至全球级别的资源整合优化。

6.9.3 造船企业云制造平台架构

图 6-15 所示为造船企业云制造平台架构。物联网数据采集层通过 RFID 技术、无线自组网技术、感知技术、自动化控制系统自动采集或人工输入计算机的方式采集软硬件资源数据,再通过网络传输至云制造平台进行资源的虚拟化封装与发布。

物理资源的虚拟化是云制造平台运行的关键。通过建立"物理资源层",即对物理资源的抽象描述,对物理资源进行管理,再通过建立虚拟资源与物理资源的映射关系,构建虚拟资源抽象描述模板。对虚拟资源的描述模板包含了其静态属性,如名称、功能,动态属性,如使用状态,以及对虚拟资源的映射模型属性的定义,如映射的物理制造资源描述。因此,物理资源与虚拟资源之间就建立了一对一、多对一或一对多的映射关系。当用户对云制造平台提出请求时,虚拟资源池会进行虚拟资源的整合,并调动与之相应的物理资源。一对一是指,当用户提出单一的服务需求时,如单纯的数据存储服务,就会调动数据库资源;多对一是指,某种资源可以满足多种用户服务需求,如适合多种曲面分段的数控胎架;一对多是指,当用户的请求比较复杂,需要多个制造资源才能完成,如要完成某船舶的总段总组,就需要调用总组场地、吊装设备、相关人员等。

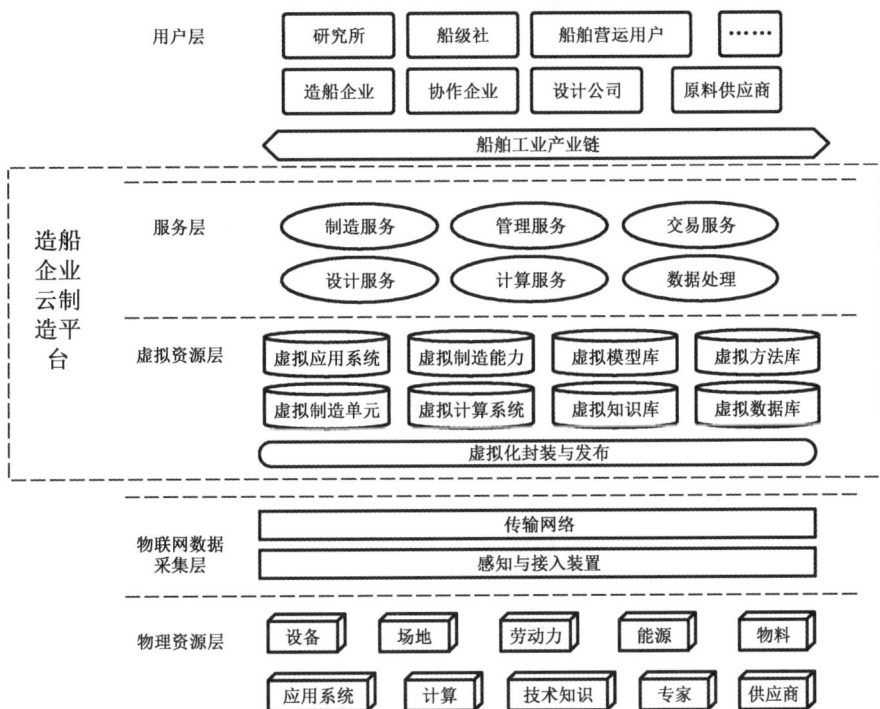

图6-15 造船企业云制造平台架构

造船企业云制造平台,不仅是造船企业自身的平台,也可以为其他配套企业、船舶运营商、船舶营运用户等提供一系列的服务,使整个船舶工业产业链的资源得到优化和整合。例如,构建造船企业供应链企业间交流平台,实现基于大数据和云计算的造船企业采购、物流管理;构建基于船舶运营数据的服务平台,为船舶营运阶段的维护、修理提供智能服务,也可以为船舶营运用户提供智能的商业决策;在设计过程中可以实现异地同步网络化协同,有效提高设计集成度和效率,也可以利用其他企业闲置的人力资源、计算资源,来弥补企业短期的资源不足,而实现另一家企业资源的充分利用;造船企业作为总装厂,也可以将部分零部件制作、分段制造等通过云制造平台进行外包,通过云制造平台还可以实现对于外协企业网络化协同的计划和管理。

并且,由于船舶工业涉及很多的商业机密和国家安全问题,出于对安全性、稳定性、控制力等方面的考虑,造船企业的云制造模式主要采取安全性较高的私有云模式,如图 6-16 所示。各企业的用户可以通过网页、手机应用程序等用户端对私有云进行访问,并且根据用户的类别对访问权限进行操作和管理。这也是较多企业选择的云制造模式。

由此构建的云制造平台,不仅是造船企业或集团内部的,也可以是整个船舶工业范围内的,是从全局的角度优化资源配置、发挥造船企业核心能力、实现整个产业链价值提升的动态组织联盟。由此,可以实现设计制造的网络化协同。

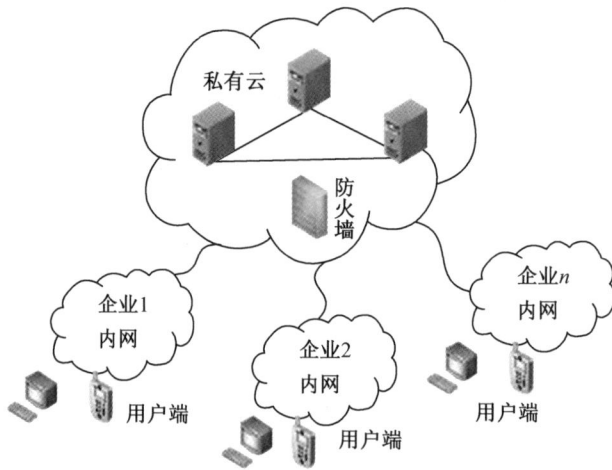

图 6-16　造船企业私有云网络布局

6.10　本章小结

本章通过对智能船厂生产管控机制与系统需求、工程计划管理体系与方法、基于物联网技术的全要素实时管控机制,以及基于智能制造的供应链、能源、环境安全等进行分析,提出智能船厂的生产管控模式,对造船企业推进信息化、柔性化、智能化,缩短建造周期,提高建造质量,实现绿色制造,提高企业竞争力具有十分重大的意义,为我国船舶工业转型升级、最终实现造船强国目标提供有力支撑。

第7章 船舶智能制造实施方案

7.1 概　　述

本章从船舶智能制造模式的定义和内涵出发,分析船舶智能制造发展需求和发展方向,提出船舶智能制造模式的核心要素和体系架构,明确船舶智能制造的发展目标,形成船舶智能制造实施总体方案,以及总体方法的实施路径,为造船企业开展船舶智能制造实施提供指导。

7.2　船舶智能制造实施目标

船舶智能制造模式的建立和完善是一个长期过程,总体采用并行推进、融合发展的战略:

(1)第一阶段,推进船舶智能制造模式升级,夯实制造技术能力,实施智能制造和绿色制造,提升自主可控水平,形成集计划管理、过程协同、设备管控、资源优化、质量控制、决策支持等功能于一体的智能化车间,并在船体分段、管子加工、分段涂装等关键环节加快应用示范,树立行业标杆。

(2)第二阶段,以构建绿色生态为核心,通过数字主线技术将物理船厂与虚拟数字化船厂相联通,同时以企业互联互通平台为基础,共享物理与大数据,建设围绕产品数字化设计平台、车间智能化管控平台、产品全生命周期服务平台和能够完成协同设计、人机交互、运维决策的新一代智能船厂。

(3)第三阶段,在新一代智能船厂的基础上,联通上下游供应链,组建模块化、专业化合作生产的绿色动态联盟,提供船厂和产品全生命周期的、精准快速响应客户需求的智能服务体系。

7.3　船舶智能制造实施路径

7.3.1　强化智能制造基础建设

船舶智能制造模式是一种建立在现代造船模式基础上的,充分融合了新一代信息技术和使能技术的先进制造模式,需要构建与其发展目标和特征相适应的基础支撑,其中船舶智能制造标准体系、信息基础成为推动船舶制造模式构建的要点。

（1）构建船舶智能制造标准体系

针对船舶智能制造跨领域、跨行业以及高度集成、系统融合等特点，造船企业应梳理船舶智能制造的业务流程，对接船舶智能制造基础、关键共性技术与智能装备、全三维数字化设计、智能车间建设以及集成与服务等发展重点，构建涵盖基础共性、关键技术和船厂应用三个层面的船舶智能制造标准体系。

（2）信息基础建设

信息基础是造船企业实施互联互通，构建网络平台，打通设计、生产、管理主业务流程，达到船舶智能制造目标的必要支撑。信息基础建设包括物联网、无线网、网络安全体系、网络标识、传感设备、采集设备、数据存储中心、数据终端、工业互联平台、云平台等方面的建设。

造船企业应强化信息基础建设，统筹布局网络、安全、互联平台三大体系。首先构建由光纤通信、4G/5G移动通信、短距离无线通信等组成的企业通信网络，现场总线、工业以太网、工业无线等工业通信网络，以及卫星通信和定位系统，形成低时延、高可靠、广覆盖的网络基础，配置传感设备和信息采集设备，将连接对象扩展延伸到与船舶建造相关的全系统，实现员工、物资、机器、车间、企业以及研发、设计、生产、管理、服务等产业链价值链全要素各环节的泛在深度互联和数据的感知、采集与顺畅流通，形成工业智能化的"血液循环系统"。同时推进标识解析体系建设，制定全系统的各级标识解析节点和公共递归解析节点，利用标识实现全球供应链系统和企业的精准对接，支撑跨企业、跨地区、跨行业的产品全生命周期管理和信息资源集成共享。其次，建设满足工业需求的安全技术体系和管理体系，增强设备、网络、控制、应用和数据的安全保障能力，识别和抵御安全威胁，化解各种安全风险，构建工业智能化发展的安全可信环境，形成工业智能化的"免疫防护系统"。最后，构建为船舶智能制造提供支撑的基于数据中心的互联平台体系，推动企业"上云"，加大船舶工业App研发力度，形成覆盖行业产业链的云应用集群，并突破地域、组织、技术的界限，整合集聚、开放、共享各类要素和资源，推动制造资源对接和优化配置，打通产业链上下游信息流、业务流、资金流，使平台体系能够为数据汇聚、建模分析、应用开发、资源调度、监测管理等提供支撑，实现生产智能决策、业务模式创新、资源优化配置、产业生态培育，形成工业智能化的"神经中枢系统"，促进船舶智能制造模式的形成。

7.3.2　构建船舶智能设计模式

设计模式实施主要包括船舶设计标准规范体系和基础资源库的构建、船舶详细设计和生产设计的协同、编制可视化作业指导书和基于单一数据源的产品数据管理生产四个方面。

（1）船舶设计标准规范体系和基础数据库的构建

船舶智能制造模式下的船舶设计需要满足面向船舶智能制造的要求，重新构建基于全要素模型的设计体系，构建标准规范体系，并依据体系要求建立基础资源库、模型库、标准件库等。

参照国内外MBD技术先进应用行业标准，在综合分析、梳理船舶行业现有基础资源库的基础上,需要构建3类共34份MBD技术的模型定义类标准(表7-1)和9类共32份基础资源库类标准(表7-2)。

表7-1 MBD技术的模型定义类标准

序号	类别	标准名称	序号	类别	标准名称
1	设计类	船舶产品数字化定义通则	22	建库类	船舶基础资源库建库通用要求
2		船舶产品数字样船阶段划分和技术要求	23		船舶技术注释建库要求
3		船舶中间产品模型数据集定义规则	24		船舶材质库建库要求
4		船舶产品零部件分类原则要求	25		船舶系统原理符号标准件库建库要求
5		船舶结构件数据集要求	26		船舶船体结构标准件库建库要求
6		船舶管系数据集要求	27		船舶风管标准件库建库要求
7		船舶铁舾数据集要求	28		船舶管路标准件库建库要求
8		船舶内舾装数据集要求	29		船舶铁舾标准件库建库要求
9		船舶电气数据集要求	30		船舶电气标准件库建库要求
10		船舶设备数据集要求	31		船舶紧固件标准件库建库要求
11		船舶产品标准注释数据集定义通则要求	32		船舶支吊架标准件库建库要求
12		船舶产品三维标注管理通则要求	33		船舶内舾装标准件库建库要求
13		船舶通用色标体系要求	34		船舶三维标注符号库
14		船舶BOM定义通则要求			
15		船舶编码原则要求			
16	标注类	船舶结构三维标注要求			
17		船舶管路三维标注要求			
18		船舶电气三维标注要求			
19		船舶设备三维标注要求			
20		船舶铁舾三维标注要求			
21		船舶内舾三维标注要求			

表 7-2 基础资源库类标准

序号	类别	基础资源库名称	序号	类别	基础资源库名称
1	通用类	材质资源库	17	管路、风管类	标准风管管材规格库
2		技术注释资源库	18		风管附件阀件标准件模型库
3		标注符号库	19		标准管子支吊架模型库
4		紧固件模型库	20		标准风管支吊架模型库
5	系统原理类	轮机二维符号库	21		标准管绝缘规格库
6		电气二维符号库	22		标准风管绝缘模型库
7	结构类	标准端切模型库	23	电气类	标准电缆托架模型库
8		标准补板模型库	24		标准电缆通道模型库
9		标准贯穿孔模型库	25		电气附件标准件库
10		标准开孔模型库	26		标准电缆规格库
11		标准肘板模型库	27	内舾类	内舾装标准件模型库
12		标准折边模型库	28	铁舾类	铁舾装标准件模型库
13		标准垫板模型库	29	设备类	设备模型库
14		标准型材模型库	30	建造类	工艺模型库
15	管路、风管类	标准管材规格库	31		工装模型库
16		管路附件阀件标准件模型库	32		工具模型库

（2）船舶详细设计和生产设计的协同

基于统一数据库的三维模型详细设计方法、三维模型送审模式及三维审图方法，推出送、退审三维模型数据规范及数据接口标准，实现基于三维模型的详细设计及审图;解决面向生产设计的分段生成、典型船体结构详细设计与生产设计模型协同、管系和电气原理设计与生产设计协同等关键技术，构建厂所一体化协同设计平台，实现船舶详细设计与生产设计业务和系统的集成协同，详细设计与生产设计模型数据无缝对接;生产设计在厂所一体化协同平台上，利用全三维船舶设计系统，依据面向智能制造的中间产品分类体系进行中间产品的重构，即在三维详细设计和退审模型基础上，完成总段拆分和分段结构模型生成，并依据该船型的管系、电气详细设计标准化体系，完成二维原理驱动的三维模型生成;然后在船舶三维模型基础上，开展单一数据源的工艺建模和工艺信息定义，以及船体结构、舾装和涂装等专业的智能化工艺设计，实现信息完整、准确的工艺数据的三维模型，并依据建造工艺流程实施虚拟仿真;最后依据工艺建模、工艺完整性定义、物量与工艺抽取等技术规范，对分段建造过程中形成的中间产品实施船体结构、舾装、涂装等物量及工艺信息抽取。

（3）编制可视化作业指导书

设计部门梳理面向现场的装配、焊接、舾装、涂装的可视化工艺所需表达的各项要素，以及面向分段作业场景的可视化指导元素，制定设计模块生成三维作业指导书模板，编制形成三维作业工艺文档，结合设计制造管理数据集成和三维模型传输技术，将三维作业指导书传输到生产作业现场，并利用移动终端实现三维作业指导书在现场指导施工作业。

（4）基于单一数据源的产品数据管理

基于三维模型设计 CAD 系统，建立异构 CAD 接口，通过接口将服务于智能车间的工艺物量数据发布到面向智能制造的产品数据库中，在产品数据管理系统中对工艺和物量数据、物资编码等进行重构组织，生成各个专业的 BOM，通过基于 SOA 的服务接口发布到车间制造执行管控系统，实现基于三维模型的设计制造一体化。

7.3.3 构建船舶智能生产模式

船舶智能制造模式下的生产模式是一种以构建基于数字化装备和生产线的数字化生产车间/区域为目标，以车间智能制造系统为支撑，实现广泛互联、实时感知、精准执行的生产方式。依据船舶建造工艺流程数字化模型，优化生产区域工艺流程，着重构建面向船舶智能制造的船体分段车间、管子车间、涂装车间等关键生产区域和智能仓库。

7.3.3.1 车间工艺流程及布局的数字化建模

以船舶智能车间目标图像为导向，以船舶制造的切割、加工、配送、装配、焊接、涂装、搭载、移运等关键工艺环节为重点，结合数字化、智能化装备和生产线的应用，开展车间/区域的总体设计、工艺流程及布局的数字化建模，并利用虚拟仿真技术，模拟智能制造流程，对建模进行分析和优化，实现物流与信息流相统一，生产工位与人员、设备、工艺流程相协调。并在后续的实际生产过程中，运用大数据技术对生产过程中不断产生的海量数据进行分析挖掘，实现造船工艺流程的持续优化和改进，并及时对应修改车间数字化模型。

7.3.3.2 船体分段智能车间建设

船体、管子和涂装车间的建设基本分为布局设计、设备升级、车间组网、管控系统建设四个方面，下面以船体分段智能车间的建设为例说明。

（1）车间总体布局规划

船体分段车间总体布局如图 7-1 所示。

（2）车间建设实施路径

船体分段车间的构建主要分为三个阶段：设备设施数字化改造升级、车间组网、车间管控系统构建。

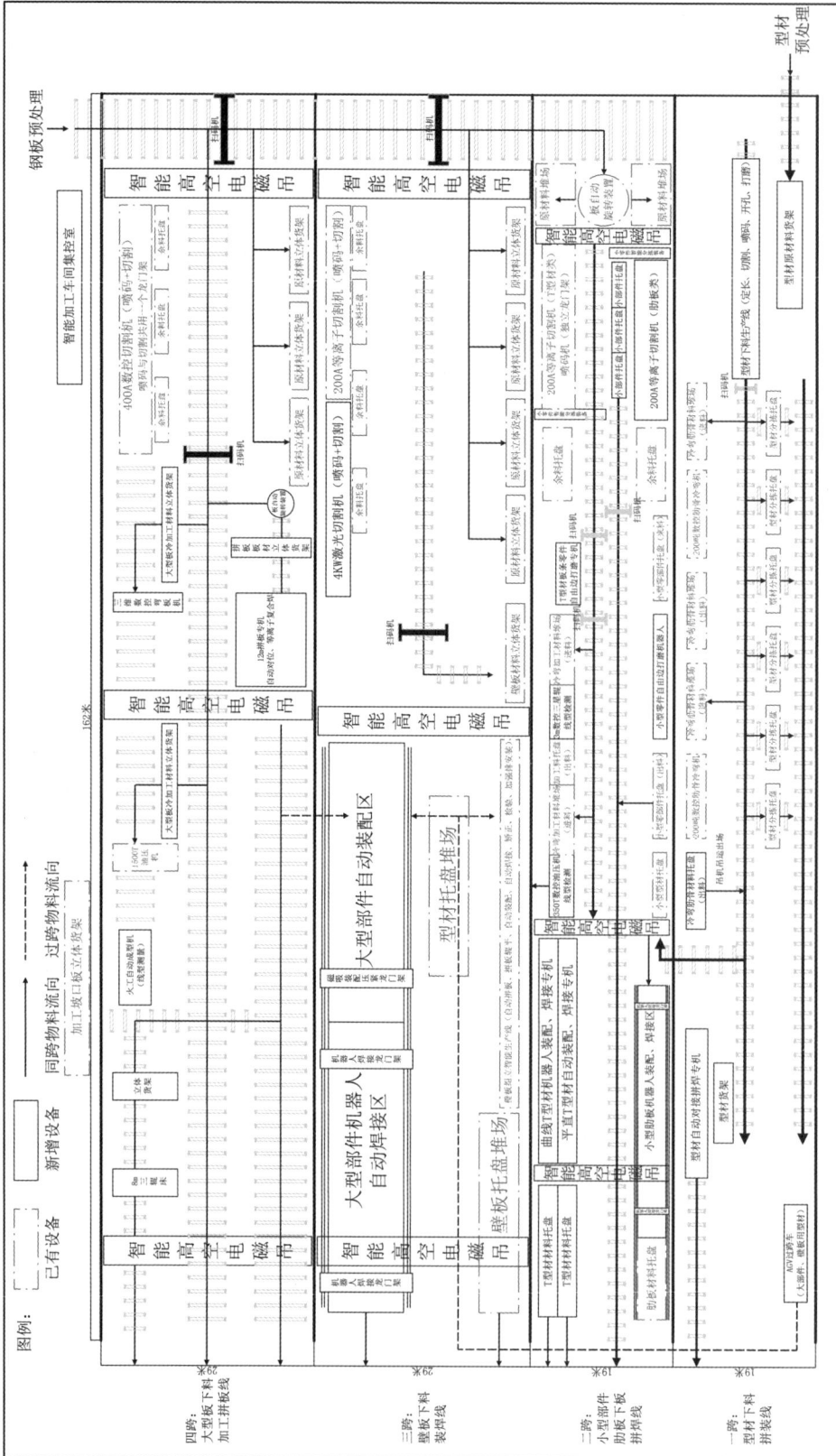

图 7-1　船体分段车间总体布局示意

①设备设施数字化改造升级阶段

数字化、智能化的生产装备和生产线是实施船舶智能制造的重要手段,车间装备和生产线的升级需配合企业建设规划和成本投入,可采取先主流后辅助两个阶段开展的策略:先对工艺流程进行优化并升级与船舶分段建造工艺主流程相关的关键装备和生产线,再升级与之有关的辅助设备设施,最终形成支撑船舶分段智能制造的硬件系统。具体升级流程为:先构建数字化、智能化的数字化钢材堆场、预处理生产线、印字画线设备、型材切割生产线、钢板切割/加工装备、T型材生产线、组立生产线、平面分段流水线;再建设曲面分段流水线和配置数字化、智能化的零件自由边打磨装备、理料装备、数字化桁车、分段移运装备等。需注意的是,车间引进或升级的数字化、智能化装备和生产线均需配有自动感知、识别、数据采集与传输、纠错与报警等标志性功能。

②车间组网阶段

加大车间网络建设是构建智能车间、开展分段智能制造的基础。建设车间级物联网,依据安保和保密要求,在合理的成本投入下,通过电子识别、无线定位等技术,实现车间全生产系统内外高效、真实地传输数据信息,支撑数据的可视化和实时管控;建立移动终端任务派工与反馈、生产及物流模式,提高资源利用率和计划实施可控性,增强车间制造过程的优化调度与追溯管控能力。

③车间管控系统构建阶段

车间管控系统是分段车间生产的"大脑",车间管控系统可分为生产过程数据采集和分析系统与车间制造执行系统,前者是后者开展实时管控的前提。两者的构建可以采用统筹规划、融合构建的策略,同步开展两个系统功能的开发和集成。其中,生产过程数据采集和分析系统应能实现生产进度、现场操作、质量检验、设备状态、物料传送等生产现场数据的采集和自动上传,实现可视化管理,并与车间制造执行系统实现数据集成和分析;车间制造执行系统应能实现计划、调度、质量、设备、生产、能效等管理功能,并能与企业管控系统实现数据集成与分析。

7.3.3.3　智能仓库建设

智能仓库在造船企业物流与仓储体系中占据着核心的地位,是组织物资和物流的重要载体,具有物资管理、动态盘点、动态库存、RFID 物资识别、单据确认、库位管理、定额管理等功能,有助于造船企业提升仓库货位利用效率,提高仓库作业灵活性和作业效率等。

(1)车间总体布局规划

智能仓库总体布局如图 7-2 所示。

(2)仓库建设实施路径

智能仓库的建设首先需开展基础建设,包括高层立体货架、有轨巷道堆垛机、二维码传感器、可识别托盘以及相关配套设备设施;其次构建仓库网络基础,实现仓库的互联互通;最后构建仓库信息管理系统,实现物料的接货、点验、入库、出库、拣配、盘点等业务流程的精细化管控。

图7-2　智能仓库总体布局

7.3.4　构建船舶智能管理模式

船舶智能制造模式下的管理模式是一种以新一代信息技术为基础,依托基于三维数字化模型的单一数据源,打通企业内外各系统的数据集成链路,建立面向设计、制造、管理全过程的横向协同体系,构建涉及多方的一体化综合管理平台,实现数据交互、共享的实时性、准确性与一致性,形成全生命周期高效业务协同能力的管理方式。管理模式的本质是结合新的使能技术,对当前造船企业管理体系的优化升级和管理内容的延伸。

7.3.4.1　一体化综合信息管理平台构建

船舶管理模式的构建是以构建基于信息集成的一体化综合管理平台为核心和手段,以支撑企业各部门和各业务的协同。一体化综合信息管理平台系统架构如图7-3所示。

平台共分为6个层级。基础设施层主要包括网络基础建设,以及现场生产过程数据采集和传输的硬件设备;数据层主要是用于存放数据,以及对数据进行整理、挖掘和分析,包括为所有的软件系统提供统一的基础共享数据、业务数据等;服务器层主要包括用于支撑企业管理系统运行的服务器;应用支撑层是为支撑平台运行而开发的基础软件;业务层主要用于运行各业务软件;呈现层主要提供桌面端、Web端、移动端程序给用户使用,实现可视化。

7.3.4.2　造船业务系统集成

造船企业实现业务系统的信息集成,首先需实现以设计、生产、管理为核心的PDM、MES与ERP三大核心业务系统的信息集成,随后再将集成平台延伸到造船业务系统,实现企业的一体化综合管理。

呈现层	客户端	网页	移动端

一体化综合信息管理平台系统架构包含以下层级：

层级	内容
呈现层	客户端　网页　移动端
业务层	ERP系统　PDM系统　MES系统　SCM系统　DSS系统　其他管理系统
应用支撑层	编码中心　标准化　系统管理　接口服务　后台服务进程
服务器层	数据库服务器　WEB服务器　更新服务器　接口服务器　文件服务器　后台进程服务器
数据层	全局基础数据　业务数据　数据仓库
基础设施层	网络　PLC　扫码等设备

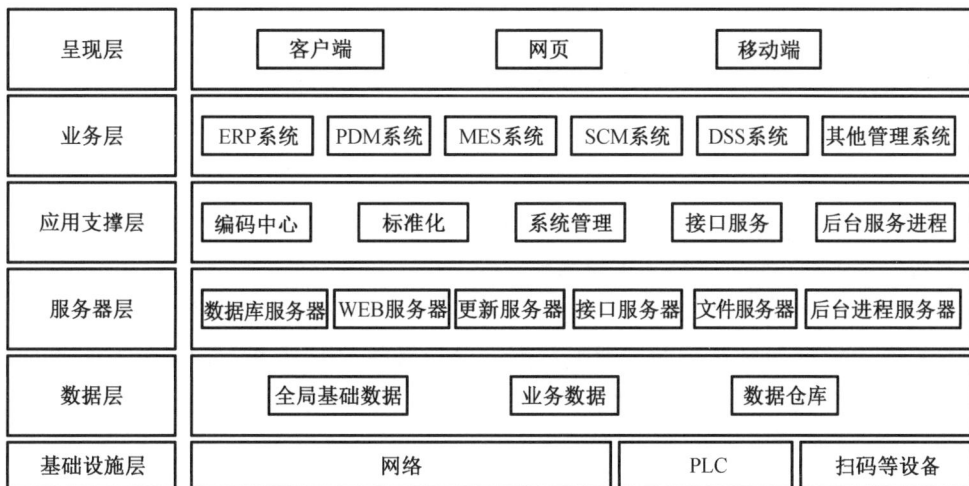

图7-3　一体化综合信息管理平台系统架构

三大核心业务系统的集成没有最佳的方案,企业应该根据自己的实际应用环境和目标需求确定解决方案。通过对企业的运营模式、发展目标和业务过程作充分的分析,确定信息如何共享、交换,以此保证信息的正确传输。

PDM/ERP/MES集成实施方案首先是进行PDM/ERP集成,实现设计、工艺、制造信息的总体集成;其次是进行PDM/MES集成,使加工图纸信息、工艺简图等加工信息能及时、准确传递给操作者。最后实现ERP/MES集成,打通生产计划和车间执行之间的断层,使ERP计划落地,形成闭环控制,这一方面要求加工任务能够及时准确下达到各设备,另一方面需要现场加工信息能够被及时准确反馈给生产调度员,以保证计划的科学性和执行的可控性。通过PDM/ERP/MES的集成,实现产品数据的共享、计划信息的共享、执行信息的共享,为离散工件的生产和加工提供有效的支持。

7.3.5　构建船舶智能服务模式

船舶智能服务模式的服务内容涉及造船企业内外两部分协同服务。企业内部的服务即企业内部各业务部门的协同,企业外部的服务即与船东、供应商、运营商之间的协同。本指导文件的服务模式侧重于企业外部的服务,通过搭建造船产业链服务平台,实现供应链、远程运维等协同服务。

7.3.5.1　供应链协同服务

供应链协同首先需开展协同基础的建设,包括构建统一的物资编码体系、供应商评价标准及指标体系、上下游企业基础数据库、行业编码标识共享库、优质供应商名单等;其次,搭建造船产业智能供应链协同服务平台,打破产业链中的层层壁垒,建立健全供应商与造船企业间的信息沟通机制,实现供应链上物料、仓储、需求等数据的采集、分析和实时共享,并依托平台建立仿真能力和供应链预警机制,实现过程瓶颈的早期识别和预警,进而进行自我调整和预防,避免紧急情况出现,提升造船企业和供应商协同合作的效率与水平;最后,推进供应链与智能物流的动态关联,提供可视化的物资信息的动态跟踪,实现造船企业物资采购、管理、仓储系统与造船企业外部智能物流系统的协同。

7.3.5.2 远程运维协同服务

造船企业的远程运维包括"船舶建造过程"和"智能船舶产品"两部分内容,以基于互联互通的远程运维协同服务平台为重要实施手段。

船舶建造过程的远程运维主要是指:通过在造船企业使用的设备中内置感知和数据采集信息系统,依托远程运维协同服务平台进行设备数据采集、管理、建模和分析,进而由单个或多个设备企业协同为造船企业提供生产装备的在线监测、预测性维护、知识库、故障预警、诊断与修复、运行优化、远程升级等服务。

船舶智能产品的远程运维主要是指:对船东、船舶营运商的远程售后服务。造船企业通过智能船舶中的信息通信设备和无线传感技术,依托企业远程运维协同服务平台,联合船舶配套企业对智能船舶的运行状态进行远程实时监控、数据采集分析,以及提供知识库、预测性维护、远程健康诊断和修复等服务,并不断积累与船舶建造、运行相关的数据和问题,不断优化智能船舶性能和提升船舶建造水平。

7.4 船舶智能制造模式实施保障措施

7.4.1 加强和落实智能制造推进机制

进一步突出智能制造作为主攻方向的地位,协同各部门智能制造相关工作,围绕国家战略,形成系统推进、层层落实的智能制造组织实施领导体系。将智能制造作为经济、科技和金融融合发展的主要结合点,有效促进三者的深度融合、良性循环,形成"用产学研金政"协同的智能制造发展生态环境。

7.4.2 加强国际合作交流

加强与造船强国之间的深度交流与合作,进一步加大参与相关国际事务工作力度,充分利用政府间双多边合作机制,鼓励围绕智能船舶技术、产业、人才培养等方面开展多种形式的国际交流与合作。构建国际化创新合作机制与平台,高效利用全球创新资源,加快推进产业链、创新链、价值链的全球配置,全面提升智能船舶发展能力。

7.4.3 加快人才队伍培养

打造多种形式的高层次人才培养平台,鼓励骨干船企和科研单位依托重大船舶科研项目和示范应用工程,培养和引进一批智能船舶制造的领军人才和青年拔尖人才。加强后备人才培养力度,鼓励船企和高等院校深化合作,优化学科和课程设置,扩大相关专业招生规

模,为船舶智能制造发展提供智力保障。

7.4.4 推进跨界融合

搭建船舶智能制造跨界交流合作平台,集聚行业内外重点企业、高等院校、科研院所、配套供应商等开展技术需求对接,推动数据资源合理共享,促进务实合作与协同创新。鼓励互联网、大数据、人工智能等领域专业和服务机构与船舶、航运企业加强合作,提供行业解决方案,推广行业最佳应用实践。

7.4.5 完善激励政策

综合运用中央和地方现有政策,加大对船舶智能制造关键技术研究、基础软硬件开发、智能系统设备研制、试点示范等方面的支持力度。进一步加强船舶智能制造领域的知识产权保护,建立健全成果转化、推广应用等激励机制,营造船舶智能制造健康发展的良好环境。

7.5 本章小结

本章从船舶智能制造模式的定义及内涵出发,提出船舶智能制造的核心要素、体系架构及船舶智能制造实施的目标。以此为基础,分别从强化基础建设、构建设计模式、构建生产模式、构建管理模式及构建服务模式等方面提出船舶智能制造的实施路径。同时为了保证船舶智能制造的有序实施,针对实施保证措施提出了一系列要求,为造船企业开展船舶智能制造提供必要的目标图像及路径指引。

第8章 船舶智能制造技术水平评价指标体系和方法

8.1 概　　述

本章基于国内外智能制造技术水平评价的现状,提取出船舶智能制造技术水平评价的方向和要素,据此提出船舶智能制造技术水平评价的指标体系,结合层次分析法和专家打分法明确指标权重,提出千分法的评价方法。并基于评价指标体系和方法设计开发了评价系统。

8.2　船舶智能制造技术水平评价指标体系

8.2.1　船舶智能制造技术水平评价方向和要素分析

8.2.1.1　国外智能制造技术水平评价现状

(1)美国智能制造技术水平评价现状

NIST 提出的智能制造成熟度模型(samrt manufacturing system readiness level,SMSRL)是基于 FDI(factory design and improvement reference-activity mode)参考模型,评估对象聚焦于生产制造系统,本质上是针对企业 ICT 技术整合成熟度的评估模型,而不是类似于德国"工业 4.0"或者数字化企业转型,即美国的评价模型着眼于技术手段的成熟度而不是企业架构的整体。需注意的是,当前 SMSRL 评价模型尚不是 NIST 认可的公开观点或者结论。

SMSRL 评价模型如图 8-1 所示,主要考察组织成熟度、信息系统成熟度、绩效管理成熟度和信息互联成熟度四个方面。每个方面又分别由下一个或者数个子方面进行考察:流程、人事、软件系统、输出数据格式、关键绩效指标、关键绩效指标关系。

其中,组织成熟度的评价子项包括流程和人事,信息系统成熟度的评价子项包括软件系统,绩效管理成熟度的评价子项包括关键绩效指标、关键绩效指标关系,信息互联成熟度的评价子项包括软件系统和输出数据格式。

(2)德国智能制造技术水平评价现状

2015 年 10 月,为了解当前德国机械装备工程领域处于工业 4.0 哪一阶段和引导企业正确地向工业 4.0 发展,德国机械设备制造业联合会(VDMA)提出了工业 4.0 就绪度模型。工业 4.0 就绪度模型提出了代表企业工业 4.0 水平的六个等级(未规划级、初始级、中间级、熟练级、专家级、行业顶尖级），还提出了衡量企业工业4.0就绪度的六个维度，即战略与组织、智能工厂、智能运营、智能产品、数据驱动服务以及雇员，并进一步分解为战略、投入、创新管理等18个域。VDMA工业4.0就绪度模型如图8-2所示。

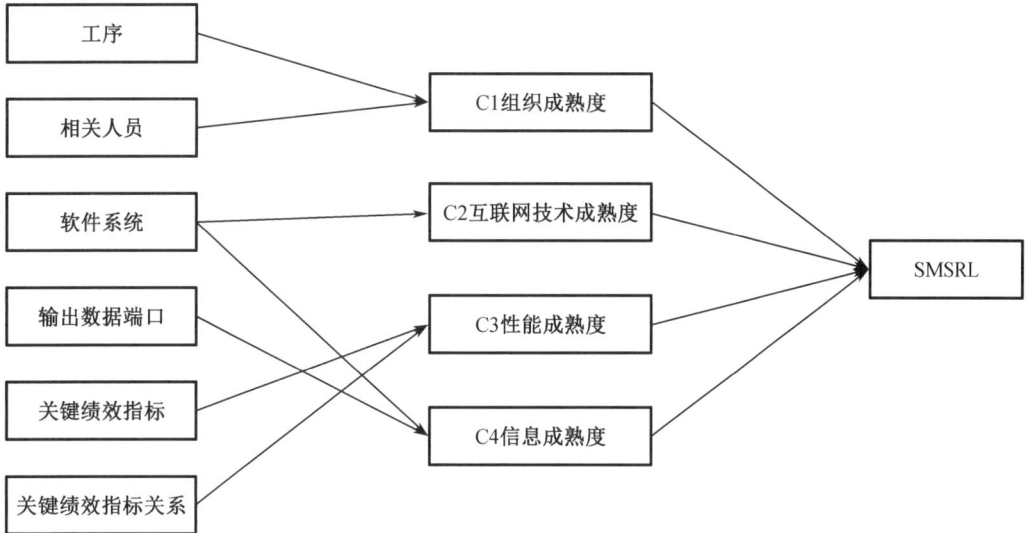

图 8-1　SMSRL 评价模型

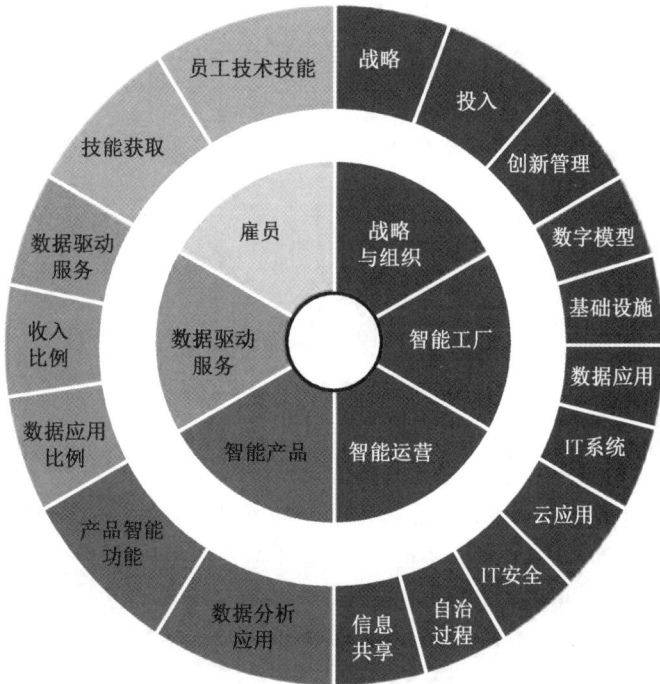

图 8-2　VDMA 工业 4.0 就绪度模型

8.2.1.2 国内智能制造技术水平评价现状

中国的智能制造技术水平评价体系依据中国智能制造参考模型从不同的角度进行构建。当前主要存在两种方式,一种是以二维的方式构建体系框架,评价指标融合另外一维的评价要求;一种是从一维的角度构建体系框架,评价指标融合另外两维的评价要求。前一种的典型代表为中国电子技术标准化研究院(CESI)智能制造能力成熟度模型,后一种的典型代表为中国电子信息产业发展研究院(CCID)的智能制造评价体系。

(1)CESI 智能制造能力成熟度模型

2016 年 9 月,为指导企业实施智能制造,帮助企业认清自身所处的发展阶段,准确进行自我评估与诊断,达到有针对性地提升和改进智能制造的能力,CESI 提出了智能制造能力成熟度模型。成熟度模型对智能制造的核心特征和要素进行提炼总结,最终归纳为"智能+制造"两个维度,并进一步分解为设计、生产、物流、销售、服务、资源要素、互联互通、系统集成、信息融合、新兴业态 10 大类核心能力以及细化的 25 个域。模型中对相关域进行从低到高 5 个等级(规划级、规范级、集成级、优化级、引领级)的分级与要求。智能制造能力成熟度矩阵如图 8-3 所示。

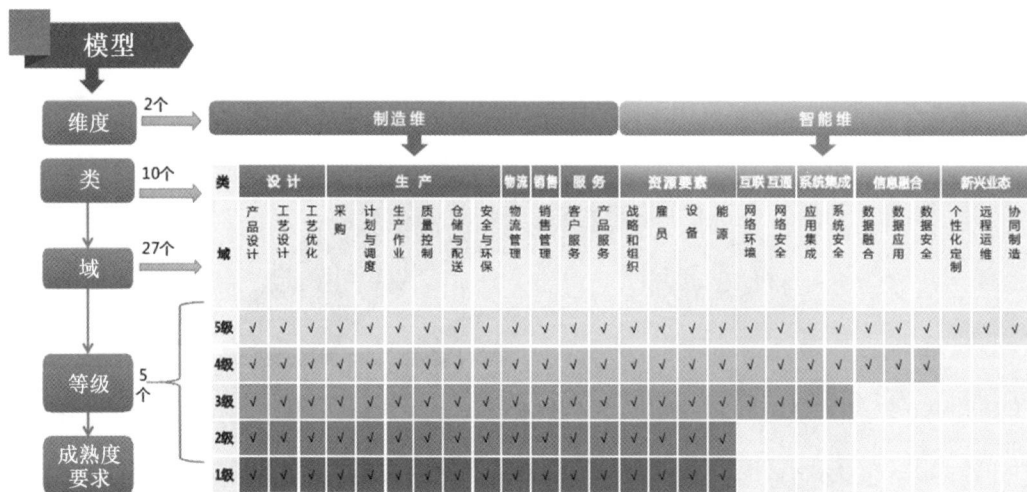

图 8-3 智能制造能力成熟度矩阵

(2)CCID 智能制造评价体系

根据国际电工协会 IEC 62264 标准提出的制造企业功能层次模型,结合实地调研和专家研讨,CCID 于《智能制造测试与评价概论》一书中提出智能制造评价体系,体系共设 4 个一级指标、17 个二级指标,具体如表 8-1 所示。

表 8-1　CCID 智能制造评价体系

一级指标	二级指标	评价内容
生产线级	设备智能化	数据通信、感知、自适应控制、自诊断与维护、人机协作、数据增值服务、安全与可靠性、能效等评价
	资源动态调整	设备/单元动态调整、人员动态调整、物料动态调整、物流动态调整、敏捷生产、创新能力动态调整
	柔性生产力	产品柔性、反应柔性、成本柔性、批量柔性、状态柔性、连续性、可重构性、生产作业自动化程度、研发转发柔性
	状态感知与优化控制	生产线实时状态感知、CAX 与生产制造流程实时协同、信息联动控制能力
	互联互通	通信管理、网络管理、信息集成
	智能质量管理	在线检测、工序能力、可溯源能力、质量稳健性
车间/工厂级	智能化生产运营管理	智能化排产与车间调度、智能化生产过程监控、智能化质量管理、智能化资产/资源管理、KPI 和智能支持
	智能物流与仓储	车间/工厂内物流管理系统、车间/工厂内仓库管理系统、车间/工厂内物流与仓储设备
	车间/工厂内集成	生产过程控制系统与制造系统集成、本地控制动态网络
	车间/工厂对外联通	制造执行系统与经营管理系统集成、产品制造各环节与产品设计、工艺、使用/服务等其他生命周期阶段之间的集成
企业级	关键业务智能化水平	订单自动排产和动态调度能力、供应链管理、订单和质量管理、客户关系管理、决策支持
	基于模型的系统工程	基于标准的产品模型数据定义、产品数据管理、产品模型传递和关联维护
	企业内纵向集成	制造执行系统与企业资源计划系统的集成、制造执行控制系统与制造执行系统的集成
	企业内横向集成	客户关系管理与企业资源计划之间的信息交互、供应链管理和企业资源计划之间的信息交互、企业资源计划和产品数据管理之间的信息交互、PDM 与 CAD/CAE/CAPP/CAM 之间的信息交互
	经济效益	企业运营成本降低比例、产品研发周期缩短比例、产品不良率降低比例、生产效率提高比例、能用利用率提高比例
企业协同级	资源共享	信息资源共享、制造资源共享
	产业链协同优化	关键制造环节协同优化水平、资源和服务的柔性配置

8.2.1.3 船舶智能制造技术水平评价方向和要素

（1）智能制造技术水平评价方向和要素

在智能制造技术水平评价体系构建方面，各国从不同角度进行了评价体系的构建，其评价方向和要素如表8-2所示。

表8-2 美、德、中三国智能制造技术水平评价方向和要素

国家	体系名称	评价方向	评价要素
美国	SMSRL评估模型	组织成熟度	流程、人事
		信息系统成熟度	软件系统
		绩效管理成熟度	关键绩效指标、关键绩效指标关系
		信息互联成熟度	软件系统、输出数据格式
德国	VDMA 工业4.0 就绪度模型	战略与组织	战略、投入、创新管理
		智能工厂	数字模型、基础设施、数据应用、IT系统
		智能运营	云应用、IT安全、自治过程、信息共享
		智能产品	产品智能功能、数据分析应用
		数据驱动服务	数据驱动服务、收入比例、数据应用比例
		雇员	技能获取、员工技术技能
中国	CESI智能制造能力成熟度模型	制造维	设计、生产、物流、销售、服务
		智能维	资源要素、互联互通、系统集成、信息融合、新兴业态
	CCID智能制造评价体系	生产线	设备智能化、资源动态调整、柔性生产力、状态感知与优化控制、互联互通、智能质量管理
		车间/工厂	智能化生产运营管理、智能物流与仓储、车间/工厂内集成、车间/工厂对外联通
		企业	关键业务智能化水平、基于模型的系统工程、企业内纵向集成、企业内横向集成、经济效益
		企业协同	资源共享、产业链协同优化

（2）船舶智能制造技术水平评价方向和要素

从国内外智能制造技术水平评价的方向、要素来看，智能制造技术评价均是从产品全生命周期的设计、制造、管理、服务等出发，重点评价企业的基础网络的建设、车间智能装备的应用，以及企业的信息化集成与集中管控、跨企业的互联互通与资源共享等。因此，结合国内外智能制造技术评价模型/体系的优缺点和评价内容，船厂智能制造技术水平评价方向和要素如表8-3所示。

表8-3 船厂智能制造技术水平评价方向和要素

评价方向	评价要素
基础层	基础网络建设:突出网络的覆盖范围、网络和数据的安全
车间层	智能生产线建设:突出船舶建造过程中各生产线的智能化程度
	车间管控系统:突出车间核心管控系统的建设
	车间系统集成:突出车间系统的集成度、数据间的交互能力
企业层	智能设计:突出数字化设计和虚拟仿真方面的要求,尤其是建模与仿真方面的相关要求
	企业智能管控系统:突出企业核心管控系统的建设
	企业管理系统集成:突出企业内外系统集成度、数据间的交互能力

8.2.2 船舶智能制造技术水平评价指标体系

结合船舶智能制造技术水平评价方向、要素和指标设置的原则,以中国智能制造系统架构为基础,构建以系统层级为主线,以智能制造特征为核心,以智能化设计、生产和系统集成为抓手,覆盖整个船舶智能制造生命周期的评价指标体系。

8.2.2.1 评价对象和范围

结合智能船厂的目标图像,以及船厂智能制造技术水平评价的方向和要素,本指标体系的评价对象和范围如下:

(1)评价对象:本指标体系的评价对象主要为国内已开展数字化、智能化转型升级和改造的船厂;

(2)评价范围:本指标体系的评价范围主要包括船厂内部的设计、生产、管控、信息集成,以及船厂外部的企业协同等。

8.2.2.2 指标设置原则

(1)指标设置与国家智能制造发展规划、国家智能制造系统架构相符合;

(2)指标设置与船舶行业智能制造技术发展现状和趋势相协调;

(3)指标设置与智能船厂的目标图像和智能制造技术水平评价方向和要素相一致;

(4)指标设置适应不同发展阶段的智能船厂的评价需求,指标体系架构科学合理,指标可量化、易操作;

(5)指标设置具备前瞻性和导向性,牵引船厂向数字化、智能化的方向发展。

8.2.2.3 评价指标体系

船舶智能制造技术水平评价指标体系共分为3个层级,一级指标共3个,分别为基础层、车间层、企业层,二级指标共8个,分别为信息网络、安全防御、车间生产、车间管理、船舶设计、企业管理、物流与仓储、总体效率,三级指标共29个,具体如图8-4所示。

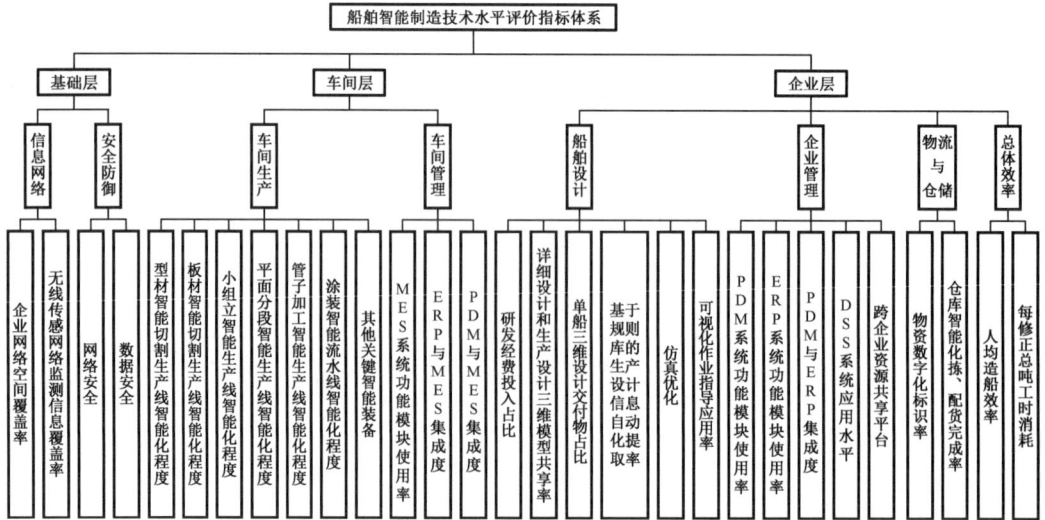

图8-4 船舶智能制造技术水平评价指标体系

（1）基础层

基础层包括信息网络和安全防御2个二级指标,信息网络下设企业网络空间覆盖率和无线传感网络监测信息覆盖率2个三级指标,安全防御下设网络安全和数据安全2个三级指标。指标定义如下：

①信息网络

a.企业网络空间覆盖率

企业网络空间覆盖率指企业已实际应用的有线、无线网络所覆盖的占地面积与满足企业从事船舶建造生产、设计、管理所需要的地域空间占地面积之比率。

b.无线传感网络监测信息覆盖率

无线传感网络监测信息覆盖率是指无线网络中所有监测节点权重与其实际所能监测到的信息量之积和所有监测节点期望监测到的信息量总和的比率。设无线传感网络监测信息覆盖率为A,计算公式为

$$A = \frac{\sum\limits_{i=1}^{n} w_i \delta_i}{\sum\limits_{i=1}^{n} \Delta_i} \times 100\%$$

式中　w_i——传感网络中节点i的权重;

　　　δ_i——节点i实际监测测得的信息量;

　　　Δ_i——节点i期望监测的信息量。

②安全防御

a.网络安全

网络安全指企业网络应具备网络关键设备的冗余能力;具备入侵检测、用户鉴别、访问控制、完整性检测等安全功能;具备确保数据传输和重要子网的安全性与自恢复能力;具备

网络协议信息过滤和数据流量管控能力,能够对网络边界的完整性进行检查。

b. 数据安全

数据安全指企业网络具备保障存储信息的保密性功能;具备确保存储信息的可用性功能;具备对系统管理数据、鉴别信息、重要业务信息进行完整性校验和恢复功能;具备异地灾难备份中心。

(2)车间层

车间层包括车间生产、车间管理2个二级指标。车间生产下设型材智能切割生产线智能化程度、板材智能切割生产线智能化程度、小组立智能生产线智能化程度、平面分段智能生产线智能化程度、管子加工智能生产线智能化程度、涂装智能流水线智能化程度、其他关键智能装备7个三级指标;车间管理下设 MES 系统功能模块使用率、ERP 与 MES 集成度、PDM 与 MES 集成度3个三级指标。

①车间生产

a. 型材智能切割生产线智能化程度

型材智能切割生产线智能化程度指生产线在装备、组网、控制、预警与反馈方面应具备如下条件:

(a)装备:具备核心智能装备(切割设备、喷码设备、画线设备、理料设备、自由边打磨设备)、自动输送装置和型材端部形式工艺数据库。

(b)组网:生产线关键工位设备能够与车间 MES 系统相连,实现数据实时传输。

(c)控制:具备友好的人机交互界面,能够自动输入切割任务指令;能够实时感知和采集切割电流、电压、气压、行进速度、机器人割枪位置、电机转速、型材变形量等数据;能够依据切割任务、环境变化、采集的过程数据以及在线检测结果进行在线决策,动态调整生产线设备状态参数。

(d)预警与反馈:能够预警切割质量缺陷和自动记录,实现质量追溯;能够实时反馈加工过程数据(切割钢材炉批号、零件号、切割时间等必要信息)至车间 MES 系统。

b. 板材智能切割生产线智能化程度

板材智能切割生产线智能化程度指生产线在装备、组网、控制、预警与反馈方面应具备如下条件:

(a)装备:具备核心智能装备(切割设备、喷码设备、画线设备、理料设备、自由边打磨设备)、自动输送装置和切割工艺数据库。

(b)组网:生产线关键工位设备能够与车间 MES 系统相连,实现数据实时传输。

(c)控制:具备友好的人机交互界面,能够自动输入切割任务指令;能够实时感知和采集切割作业路径、电流、电压、气压、行进速度、机器人割枪位置、割头电极打火次数和切割长度、电机转速、板材变形量等数据;能够依据切割任务、环境变化、采集的过程数据以及在线检测结果进行在线决策,动态调整生产线设备状态参数。

(d)预警与反馈:能够预警切割质量缺陷、精度超差,并自动记录,实现质量追溯;能够实时反馈加工过程数据(切割钢材炉批号、零件号、切割时间等必要信息)至车间 MES 系统。

c. 小组立智能生产线智能化程度

小组立智能生产线智能化程度指生产线在装备、组网、控制、预警与反馈方面应具备如下条件：

(a)装备：具备核心智能装备(焊接机器人)、自动输送装置和焊接工艺数据库。

(b)组网：生产线关键工位设备能够与车间 MES 系统相连,实现数据实时传输。

(c)控制：具备友好的人机交互界面,能够自动输入焊接任务指令;能够实现自动寻位和焊缝追踪,能够动态感知和自动采集焊接参数(电流、电压、速度等)、焊缝长度、焊材消耗、焊接变形量等数据;能够依据焊接任务、环境变化、焊接变形补偿量规则、生产过程数据、在线检测结果等进行在线决策,动态调整生产线设备状态参数和工艺参数;能够进行在线/离线编程。

(d)预警与反馈：能够预警焊接质量缺陷、精度超差,并自动记录,实现质量追溯;能够实时反馈加工过程数据(小组立编码、焊接编号、焊接参数和质量、焊材批号、焊接时间、操作者名称等必要信息)至车间 MES 系统。

d. 平面分段智能生产线智能化程度

平面分段智能生产线智能化程度指生产线在装备、组网、控制、预警与反馈方面应具备如下条件：

(a)装备：具备核心智能装备(焊接机器人)、自动输送装置和焊接工艺数据库。

(b)组网：生产线关键工位设备能够与车间 MES 系统相连,实现数据实时传输。

(c)控制：具备友好的人机交互界面,能够自动输入焊接任务指令;能够实现自动寻位和焊缝追踪,能够动态感知和自动采集焊接参数(电流、电压、速度等)、焊缝长度、焊材消耗、焊接变形量等数据;能够依据焊接任务、环境变化、焊接变形补偿量规则、生产过程数据、在线检测结果等进行在线决策,动态调整生产线设备状态参数和工艺参数;能够进行在线/离线编程。

(d)预警与反馈：能够预警焊接质量缺陷、精度超差,并自动记录,实现质量追溯;能够实时反馈加工过程数据(分段编码、焊接编号、焊接参数和质量、焊材批号、焊接时间、操作者名称等必要信息)至车间 MES 系统。

e. 管子加工智能生产线智能化程度

管子加工智能生产线智能化程度指生产线在装备、组网、控制、预警与反馈方面应具备如下条件：

(a)装备：具备核心智能装备(喷码设备、定长切割设备、弯管设备、分拣设备、打磨设备、焊接机器人)、自动输送装置,以及切割、焊接、弯管工艺数据库。

(b)组网：生产线关键工位设备能够与车间 MES 系统相连,实现数据实时传输。

(c)控制：具备友好的人机交互界面,能够自动输入定长切割、打磨、弯管和装焊任务指令;能够实现自动上料、测长、切割、弯管,以及法兰自动抓取、寻位和装焊,能够动态感知和自动采集加工信息(切割数据、弯管数据)、装焊信息(定位数据、焊接数据)、变形信息、精度信息等;能够依据管子加工任务、环境变化、生产过程数据、在线检测结果等进行在线决策,动态调整生产线设备状态参数和工艺参数。

(d)预警与反馈:能够预警切割、弯管和装焊质量缺陷、精度超差,并自动记录,实现质量追溯;能够实时反馈加工过程数据(管件编码、切割参数、焊接参数和质量、管材批号、焊接时间、操作者名称等必要信息)至车间 MES 系统。

f. 涂装智能流水线智能化程度

涂装智能流水线智能化程度指生产线在装备、组网、控制、预警与反馈方面应具备如下条件:

(a)装备:具备核心智能装备(喷砂、喷涂机器人)和喷砂、喷涂工艺数据库。

(b)组网:流水线关键工位设备能够与车间 MES 系统相连,实现数据实时传输。

(c)控制:具备友好的人机交互界面,能够自动输入扫砂、喷涂、回收(钢砂、漆雾)任务指令;能够实现自动进料、搅拌、喷砂(涂)以及回收(钢砂、漆雾)一体化,能够动态感知和自动采集环境数据、施工数据、检测数据(温度、湿度、露点、喷砂压力、喷漆压力、喷涂作业时间、漆膜厚度等)等;能够依据涂装任务、环境变化、涂装过程数据、在线检测结果等进行在线决策,动态调整生产线设备状态参数和工艺参数。

(d)预警与反馈:能够预警喷砂和喷涂质量缺陷,并自动记录,实现质量追溯;能够实时反馈涂装过程数据至车间 MES 系统。

g. 其他关键智能装备

其他关键智能装备指企业生产区域中除生产线上智能单元/装备外的关键智能化装备。关键智能装备(符合数字化、智能化要求)包括:无人钢板堆场设备、曲板冷加工设备、曲板热加工设备、肋骨冷弯设备、智能胎架、智能翻身设备、分段移运设备、总段合龙移运设备、分段艉轴管智能加工设备、无人吊机、立体仓储设备等。

②车间管理

a. MES 系统功能模块使用率

MES 系统功能模块使用率是指企业已使用的功能模块数量占系统功能模块总数的比率。具体功能模块如下:

(a)用户管理,包括账户密码管理、功能权限管理以及数据库的维护;

(b)生产管理,包括生产计划查询(企业生产计划管理、车间作业计划管理、班组作业计划管理)、派工管理(作业管理、工单管理)、作业调度(排产查询、动态调整)、过程管理(生产监控);

(c)资源管理,包括人员管理(员工状态信息)、设备管理(生产能力统计、设备状态跟踪)、材料管理(BOM 管理、库存分析);

(d)数据管理,包括数据采集、文档控制(指令查询、图纸调用、标准查询、作业更改单管理)、产品追踪(在制品状态、交付品跟踪);

(e)质量管理,包括建造质量控制(成品检验、特种工艺检验)、质量分析(SPC/SQC 统计分析、注意事项分析)。

b. ERP 与 MES 集成度

ERP 与 MES 集成度是指 ERP 与 MES 系统之间能够实现:ERP 与 MES 系统间有规范化的系统接口、能够实现系统间实时动态交流信息;ERP 向 MES 传递生产任务与计划信息、物料及采购到货信息、设备资源信息等；MES 向 ERP 传递生产能力信息、排产信息、物料需求与仓储信息、计划执行信息、设备状态信息、制造环境信息、质量信息、产品生产状态信息、人员与工时信息、成本信息等。

c. PDM 与 MES 集成度

PDM 与 MES 集成度是指 PDM 与 MES 系统间能够实现：PDM 与 MES 系统间有规范化的系统接口、能够实现系统间实时动态交流信息；PDM 向 MES 传递三维模型信息、零部件和物料清单、中间产品生产工艺及其流程信息、质量控制信息、检验信息、仿真信息、变更信息、工时定额信息、材料定额信息以及其他工艺数据等；MES 向 PDM 传递材料定额领用信息、实际工时信息、质量追溯信息等。

（3）企业层

企业层包括船舶设计、企业管理、物流与仓储、总体效率 4 个二级指标。船舶设计下设研发经费投入占比、详细设计和生产设计三维模型共享率、单船三维设计交付物占比、基于规则库的生产设计信息自动化提取率、仿真优化、可视化作业指导应用率 6 个三级指标；企业管理下设 PDM 系统功能模块使用率、ERP 系统功能模块使用率、PDM 与 ERP 集成度、DSS 系统应用水平、跨企业资源共享平台 5 个三级指标；物流与仓储下设物资数字化标识率和仓库智能化拣、配货完成率 2 个三级指标；总体效率下设人均造船效率和每修正总吨工时消耗 2 个三级指标。

①船舶设计

a. 研发经费投入占比

研发经费投入占比是指统计时间内企业造船业务的研发经费（专指用于智能化转型升级的经费）投入与统计年度内企业造船业务总收入的比率。

b. 详细设计和生产设计三维模型共享率

详细设计和生产设计三维模型共享率是指详细设计阶段模型在生产设计阶段可使用模型数与详细设计阶段的模型总数的比率。

船体模型：通过详细设计阶段的大段建模，生产设计阶段利用分段拆分技术生成分段模型；舾装模型：在详细设计阶段，采用三维设备布置和管系、电气二维原理图驱动三维生成的舾装（管、舾、电）模型。

c. 单船三维设计交付物占比

单船三维设计交付物占比是指依据单船图纸目录能够采用三维交付方式出图的数量占图纸目录中图纸总数的比率。

d. 基于规则库的生产设计信息自动化提取率

基于规则库的生产设计信息自动化提取率是指生产设计基于规则库能够自动提取生产设计信息的种类占生产设计信息种类总数的比率。

生产设计信息包括：设计组织信息（设计部门信息、设计人员信息、设计时间信息）、材料信息（尺寸信息、板厚信息、材质信息）、焊接信息（粗糙度信息、坡口信息、焊缝信息）、编码信息、装配工艺顺序信息、检验信息（精度控制信息、质量控制信息）、物量信息（工时定额、材料定额）、模型完整性信息（模型尺寸信息、模型重心信息）、涂装面积信息、安措信息、数控信息(切割路线信息)。

e.仿真优化

仿真优化是指利用船舶三维模型、数据库和仿真优化软件进行设计及生产过程的数字化模拟,实现工艺路线、工艺参数等与产量、能耗、物料、设备等的匹配和实时在线优化。包括:船舶虚拟设计仿真(总布置图虚拟仿真,舱室布局虚拟仿真,设备、系统与电缆的虚拟仿真,总体建造方案仿真)、船舶建造工艺仿真(焊接工艺虚拟设计与验证、船体典型建造工艺分道建造仿真、建造主流程仿真、区域舾装作业仿真)、船厂物流仿真(船厂总体布局三维仿真与优化、内业车间建造资源布局与物流仿真、场地资源利用仿真、建造资源能力仿真、分段物流仿真)、工艺吊装仿真。

f.可视化作业指导应用率

可视化作业指导应用率是指车间/区域工艺可视化作业指导应用工位数与车间/区域主要工位总数的比率。

主要工位包括:板材切割、型材切割、管子切割、板材加工、型材加工、管子加工、拼板工位、平直小组立装焊工位、曲面小组立装焊工位、平直中组立装焊工位、曲面中组立装焊工位、分段装焊工位、分段二次涂装工位、总段合龙工位、船台/船坞搭载工位。

②企业管理

a.PDM 系统功能模块使用率

PDM 系统功能模块使用率是指企业已使用的功能模块数量占系统功能模块总数的比率。功能模块如下:

(a)产品数据库,包括船型数据、建造工艺数据、模型数据、管理数据、图文数据、材料数据等;

(b)用户和权限管理,包括对组织机构的划分、不同层级员工登录权限的设定;

(c)产品结构管理,包括产品结构的维护,以及零部件与文档、清单之间的参考关系管理,产品结构配置管理;

(d)产品生命周期管理,包括生命周期的定义、生命周期状态的管控;

(e)编码管理,包括编码规则定义、编码段定义、获取编码、编码校验;

(f)清单管理,包括零部件、物料等清单;

(g)变更管理,包括问题报告、变更申请、变更执行、变更结果等;

(h)文档管理,包括 CAD 图纸、设计文档以及管理文档的维护,文档参考关系的维护,文档结构关系的维护以及文档有效性的管理;

(i)版本管理,包括版本的签出和签入、版本历史追溯、版本比较等功能;

(j)服务管理,包括检索服务、报表服务、设计协同管理、系统集成服务。

b.ERP 系统功能模块使用率

ERP 系统功能模块使用率是指企业已使用的功能模块数量占系统功能模块总数的比率。功能模块如下:

(a)生产设计管理,包括设计计划、设计质量、设计协调、设计变更、设计基础数据、系统维护等管理;

(b)工程计划管理(含负荷计划管理),包括造船三年滚动计划、产品线表计划、大中小日程计划、生产负荷计划、生产准备计划等生产计划的编制、调整、平衡、约束、审批、发布下达、过程控制、执行反馈、变更、进度跟踪、分析、考核等管理;

(c)工时物量管理,包括船舶承接工时估算,船舶建造过程中各工艺阶段的船体、舾装、涂装工时和物量的原始数据适时采集、控制、统计、分析、考核等管理;

(d)生产设备管理,包括船舶企业的运输设备、高吊、门吊、浮吊、切割设备、主要焊接设备、加工设备,以及大型专用工装等生产设备的采办、台账、备件库存、设备编码、设备维修、设备使用计划等管理;

(e)生产场地管理,包括船体内场加工场地、船体外场分段制作场地、分段总组场地、分段堆放及周转场地、预舾装场地、集配中心场地、船台、船坞、舾装码头等生产场地的资源配置、能力测算、划定工位、合理使用与调配、现场现状反馈及查询等管理;

(f)人力资源管理,包括船舶企业的本工、协力工、外包工等人力资源的需求预测、人事信息、人力资源计划、培训计划、人力资源测评、薪酬等管理;

(g)质量管理,包括入库检验管理、船舶产品建造过程中的项目质量检验和质量管理;

(h)成本管理,包括造船项目的成本预算、成本分析、成本预测和评价等成本管理;

(i)企业(生产)物流管理,包括造船生产的原材料及中间产品的配套、流转、集配、发送等物流管理及托盘管理;

(j)物资管理(含采购、仓储、供应商管理),包括用于造船生产的原材料及配套设备的采购、合同、仓储、领料、供应商的管理;

(k)财务管理,包括造船业务的资金管理、费用核算(含人工、材料)、劳务结算等财务管理;

(l)外协管理,包括分段外协、管子外协、舾装件外协、大型铸锻件外协等协作厂家进行的外协合同、质量、进度的管理;

(m)能源管理,包括船舶企业车间、船台、船坞、码头等所有设备的能源基础信息、能耗指标、能源的监测、统计、分析、预测等动能管理;

(n)技术文档管理,包括设计图样、技术文件、技术档案等管理;

(o)客户关系管理,包括生产经营、船东来往函件、售后服务、客户资信评议等管理;

(p)企业决策支持管理,包括企业经营生产过程中积累数据的分析、选择、应用等管理。

c.PDM 与 ERP 集成度

PDM 与 ERP 集成度是指 PDM 与 ERP 系统之间能够实现:PDM 与 ERP 系统间有规范化的系统接口、能够实现系统间实时动态交流信息;PDM 向 ERP 传递物料清单、工艺信息、产品 BOM 信息、时间单位、计量单位、文档管理信息、设计部门组织结构信息等;ERP 向 PDM 传递成本信息、制造资源信息、库存信息、管理部门组织结构信息、工程变更信息、工程计划信息等。

d.DSS 系统应用水平

DSS 系统应用水平是指 DSS 系统与企业内各系统间有良好的集成,实现各系统间动态交流信息;系统结构具有良好的可移植性和效率(可移植性是指系统中某部件的变动对其他部件的影响,效率即系统对数据和模型处理的效率),各结构模块间能动态交流信息,具备良好的适应柔性或发展柔性;系统具备四库系统(即数据库、模型库、知识库和方法库);系统能够开展人机交互,提供信息服务、科学计算、决策咨询,实现规范决策支持或扩展决策支持。

e. 跨企业资源共享平台

跨企业资源共享平台是指企业构建的共享平台已具备完善的工业互联网基础;已建立统一的信息交换接口,已建立统一的信息交互标准和规范;具有一定数量的、多种行业的企业和完善的资源配置架构,能够支撑平台内企业的资源共享需求;能够实现资源共享和关键环节协同创新和优化,关键环节包括研发设计、物资供应、仓库管理、生产制造、维护服务等方面。

③物流与仓储

a. 物资数字化标识率

物资数字化标识率是指统计时间内已进行数字化标识的物资数量与物资总数量的比率。

b. 仓库智能化拣、配货完成率

仓库智能化拣、配货完成率是指统计时间内仓库利用智能化设备(如立体仓库、移动机器人)等进行拣、配货的物资数量与仓库总物资数量的比率。

④总体效率

a. 人均造船效率

人均造船效率是指统计年度内造船完工的修正总吨与造船从业人员数的比值。

b. 每修正总吨工时消耗

每修正总吨工时消耗是指统计年度内完工船舶产品实动工时与完工船舶产品修正总吨的比值。

8.3　船舶智能制造技术水平评价方法

评价方法采用千分法。先通过专家打分法和层次分析法进行指标体系中各指标的权重测算,并进行修正,最终确定各指标权重;再依据权重,以 1 000 分为总分值,计算得出各指标的分值。

8.3.1　指标权重

采用定量与定性相结合的层次分析法来确定各评价指标的权重系数。通过构造判断矩阵、计算权重向量以及一致性检查,得到船舶智能制造技术水平评价指标权重系数,如表8-4所示。

表8-4 船舶智能制造技术水平评价指标权重系数

一级指标	权重系数	二级指标	权重系数	三级指标	权重系数
基础层	0.13	信息网络	0.46	企业网络空间覆盖率	0.5
				无线传感网络监测信息覆盖率	0.5
		安全防御	0.54	网络安全	0.5
				数据安全	0.5
车间层	0.40	车间生产	0.69	型材智能切割生产线智能化程度	0.13
				板材智能切割生产线智能化程度	0.13
				小组立智能生产线智能化程度	0.18
				平面分段智能生产线智能化程度	0.18
				管子加工智能生产线智能化程度	0.16
				涂装智能流水线智能化程度	0.13
				其他关键智能装备	0.09
		车间管理	0.31	MES系统功能模块使用率	0.28
				ERP与MES集成度	0.36
				PDM与MES集成度	0.36
企业层	0.47	船舶设计	0.41	研发经费投入占比	0.15
				详细设计和生产设计三维模型共享率	0.18
				单船三维设计交付物占比	0.18
				基于规则库的生产设计信息自动化提取率	0.21
				仿真优化	0.15
				可视化作业指导应用率	0.13
		企业管理	0.35	PDM系统功能模块使用率	0.18
				ERP系统功能模块使用率	0.18
				PDM与ERP集成度	0.28
				DSS系统应用水平	0.18
				跨企业资源共享平台	0.18
		物流与仓储	0.11	物资数字化标识率	0.5
				仓库智能化拣、配货完成率	0.5
		总体效率	0.13	人均造船效率	0.5
				每修正总吨工时消耗	0.5

8.3.2 千分法评价方法

8.3.2.1 指标分值

依据指标体系各指标权重,以 1 000 分为总分值,计算得出各指标的分值,具体如表 8-5 所示。

表 8-5 船舶智能制造技术水平评价指标体系指标分值

一级指标	分值	二级指标	分值	三级指标	分值
基础层	130	信息网络	60	企业网络空间覆盖率	30
				无线传感网络监测信息覆盖率	30
		安全防御	70	网络安全	35
				数据安全	35
车间层	400	车间生产	275	型材智能切割生产线智能化程度	35
				板材智能切割生产线智能化程度	35
				小组立智能生产线智能化程度	50
				平面分段智能生产线智能化程度	50
				管子加工智能生产线智能化程度	45
				涂装智能流水线智能化程度	35
				其他关键智能装备	25
		车间管理	125	MES 系统功能模块使用率	35
				ERP 与 MES 集成度	45
				PDM 与 MES 集成度	45
企业层	470	船舶设计	195	研发经费投入占比	30
				详细设计和生产设计三维模型共享率	35
				单船三维设计交付物占比	35
				基于规则库的生产设计信息自动化提取率	40
				仿真优化	30
				可视化作业指导应用率	25
		企业管理	165	PDM 系统功能模块使用率	30
				ERP 系统功能模块使用率	30
				PDM 与 ERP 集成度	45
				DSS 系统应用水平	30
				跨企业资源共享平台	30
		物流与仓储	50	物资数字化标识率	25
				仓库智能化拣、配货完成率	25
		总体效率	60	人均造船效率	30
				每修正总吨工时消耗	30

8.3.2.2 评价方式

(1)船舶智能制造技术水平评价以指标体系及评价方法为依据开展评审工作,总分1 000 分,评价时逐项进行评分并加总,单项扣分以该项最高分值为限;

(2)评价结果分为:国内领先水平(≥900 分)、国内先进水平(800~890 分)、国内一般水平(700~790 分)、国内初步水平(600~690 分)、不合格(<600 分)。

8.4 本章小结

本章通过分析国内外智能制造技术水平评价方法,提出了船舶智能制造技术水平评价的方向和要素,构建了由基础层、车间层、企业层 3 个一级指标、8 个二级指标、29 个三级指标组成的船舶智能制造技术水平评价指标体系,确定了指标权重系数。由于当前国内的船舶智能制造正处于起步阶段,因此本章只是对船舶智能制造技术水平评价方法进行的一次探索,后续将依据船舶智能制造的发展趋势和成果对该水平评价指标体系进行不断的迭代完善。

参 考 文 献

[1] 中国电子信息产业发展研究院. 智能制造测试与评价概论[M].北京:人民邮电出版社, 2017.
[2] 张明建.基于CPS的智能制造系统功能架构研究[J].宁德师范学院学报(自然科学版),2016,28(2):138-142.
[3] 江文成,樊志远.日韩船舶智能制造的主要发展方向[J].中国船检,2019(2):17-24.
[4] 杜宝瑞,王勃,赵璐,等.智能制造系统及其层级模型[J].航空制造技术,2015(13): 46-50.
[5] 麦绿波,徐晓飞,梁晌,等.智能制造标准体系构建研究[J].中国标准化,2016(12): 101-108.
[6] 梁勇.航空智能制造标准体系架构设计方法研究[J].制造技术与机床,2017(5): 112-115.
[7] 李清,唐骞璘,陈耀棠,等.智能制造体系架构、参考模型与标准化框架研究[J].计算机集成制造系统,2018,24(3):539-549.
[8] 张玉奎,张宜群.船舶智能制造技术顶层研究[J].应用科技,2017,44(1):5-8,13.
[9] 陈明,梁乃明.智能制造之路:数字化工厂[M].北京:机械工业出版社,2016.
[10] 赵东,马晓平,蒋志勇.船舶制造中的工时/物量数据统计分析系统研究[J].造船技术,2003(2):8-10.
[11] 李坌.现代造船工程[M].哈尔滨:哈尔滨工程大学出版社,1998.